聖書と自然と日本の心

池田 裕 著

ミルトス

日本の心
自然と
聖書と

イスラエル博物館（エルサレム）の庭に立つピカソの "Profiles"（本書 216 頁参照）

はじめに

木は、少し離れた場所にいる仲間の木と互いに呼応し、気を放ち、励まし合うという。街路樹は、毎日、仲間同士で声を掛け合いながら、人間のために車の排気ガスを大量に吸って空気の浄化に努めてくれている。狭い日本道路事情ではなかなか望めないことだが、できることなら、道路の両側の街路樹をそれぞれ二列にし、彼らがもっと元気に生きられるようにしてやりたいものだ。

木がより元気に育ち生きるためには、仲間の木だけでなく、ときに他の木からの刺激が必要である。刺激とは競合であり、助けでもある。生涯を桜の保存に力を注いだ京都の有名な庭師十六代目佐野藤右衛門氏は、先代からいつも、桜ばかり植えるな。必ず楓《かえで》も植えとけ、と言われた。「桜だけ植えても、うまく育たんのや。やっぱり、他のものから刺激

を受けんとあかんのです」（佐野藤右衛門・小田豊二『櫻よ』集英社）

　春はまさに桜が花王の名にふさわしく見事に輝くときだが、秋になると、桜も美しく紅葉するが、それ以上に楓の紅葉が周囲を圧倒する。桜は、それを隣で見ていて大いに刺激され自分の美にさらに磨きをかけようとするのであろう。

　同様に、日本人も、古代から今日までさまざまな外来文化の影響を受けながら成長し、文化を築いてきた。現存最古の歌集『万葉集』には多彩にして繊細な日本の自然と人の心とが豊かに詠われているが、そこにはまた海を超えた大陸からの空気がたっぷり流れている。

　一方、アジア西端の地域に生きた古代イスラエルの人々も、多くの異なる民族・文化・宗教の波にもまれ、刺激を過剰なまでに受けながら成長を続けた。そうした彼らの長い歩みの中から生れたのが、聖書という大きな作品である。

　多くの刺激を受けて育ったものは、その後も刺激を求め続けて生きる。自然や歴史を通しさまざまな刺激を受けて育った聖書は、本質的に、他からの刺激と対話を求めてやまない書だ。聖書は刺激を求める。

　日本で自生するという桜も、元をたどればヒマラヤの出である。おそらく渡り鳥により種が運ばれてきた。より美しく咲こうとする桜は、深いところで遥かなるふるさとヒマラヤの澄んだ冷たい空気を求めているのかもしれない。木々の思いをよく知る十六代目藤右衛門は、日系米国人彫刻家イサム・ノグチが世界各地に日本庭園を造る仕事を全面的に手伝い、日本の木々が日本とまるで異なる土や空気によく馴染み、しっかり根を張るまで、「外国に里子に出した子供に会うように」、毎年出かけて行って世話をした。

日本庭園が海外に造られるはるか前、聖書の地を原産とするシュンギクやダイコンが、遠く離れた日本まで来て、徐々にその土に馴染み、人々に愛され食されるようになった。今では日本中の花屋の店頭で売られているシクラメン、クロッカス、チューリップたちも、聖書の生れた地が原産である。

聖書を生んだ人々と日本人とは、それぞれアジアの両端にあって、互いに長い間直接顔を合わせることなく独自の道を歩み、異なる文化を築いてきた。しかし、歩んで来た道や文化は異なっても、否《いな》むしろ、桜と楓のように互いに異なるがゆえにこそ、より刺激に富む豊かなエネルギーの交流ができるかもしれない。世界は日の出を待ち、聖書は日本の心との対話を待っている。そんなことを考えながら、短い文章を綴ってみた。

十六代目藤右衛門いわく、桜との出会いは、男女の出会いと同じなり。思わず振り返ってしまうような桜に出会うことを夢見ながら歩く。そして、本当にそういう桜に出会ったりすると、その桜のことをいつも気にかけ、出かけて行っては優しく声をかける。すると桜も嬉しそうにして、翌春また美しい花を咲かせる。自然を眺めていてふと、日本と聖書の世界とがつながる小さな接点を見つけたときの歓びも、どこか、それに似ている。

すべては出会いである。急がず、力まず、自然を愛して。

人に会ひ菫《すみれ》の花の濃くなりぬ　（後藤立夫）

池田　裕

聖書と自然と日本の心／目次

Ⅲ　風の足跡

Ⅳ　冬の日射し

表紙写真・イスラエル北部フーラ湖の渡り鳥

Ⅰ　黄金の丘

春の花

まだあげ初《そ》めし前髪の　林檎《りんご》のもとに見えしとき
前にさしたる花櫛の　花ある君と思ひけり

○杏子《あんず》の旅

木々の梢が寒風に音を立てて震えている。頬にあたる外気はまだ冷たい。しかし、そのなかで梅が一輪、二輪と咲いている。春はもうそこまで来ているのだ。

春くれば宿に先《まず》さく梅花
君がちとせのかざしとぞみる　（貫之）

梅の原産地は中国で、日本には七世紀の遣隋使または遣唐使が薬用に持ち帰ったものが集だけでも百首を超える。すべての木々に先駆けて春を告げ、眺めるだけで気持ちが明るく軽やかになるこの花木は、すぐに日本の風土に馴染み、人々に愛された。梅をうたった歌は万葉集だけでも百首を超える。

それほどの梅であるが、好みはやはり人それぞれである。西洋では梅はほとんど顧みられなかった。梅をヨーロッパに最初に伝えたのは、一六九〇年にオランダ船船医として長崎出島に渡来したドイツ人の外科医・博物学者ケンペルであった。一八二三年、やはりドイツ人の医学者・博物学者で、オランダ商館の医員として長崎に着任したシーボルトは日本の植物を愛し、帰国に際しては多くの植物をヨーロッパに送り、梅もその一つであった。彼はそれらの植物を園芸用に紹介したが、梅が人々の間に広まることはなかった。

梅と同じく杏子《あんず》も中国原産で、古くは「からもも」（唐桃）とも呼ばれた。渡来は古いと思われるが、梅のように鑑賞され、多くの歌にうたわれるということはなかった。会ったらすぐに別れのことを考えてしまうから悲しい、をからもも、の花にかけてうたった歌が一首、古今和歌集にある——

あふからもものはなをこそかなしけれ
　わかれむ事をかねて思へば

日本に渡っても梅の勢いに圧倒された杏子。しかし、捨てる神あれば拾う神あり。中国から西方に向かった杏子の旅の道は明るかった。中央アジア、東地中海沿岸、そしてヨーロッパと、行く先々で温かく迎えられ育てられた。梅の運命とは対照的であった。特にコーカサスのアルメニアは杏子の里と見なされ、学名アルメニアカが与えられた。

杏子

アルメニアは、聖書時代の洪水物語に出てくるアララト山を中央に、南はヴァン湖から北はセヴァン湖にまでおよぶ、広大な地域を支配したウラルトゥの流れをくむ国である。アララト山は標高五千メートルを越す高山で、万年雪を頂くその美しい容姿はアルメニア側からでも南のトルコ側からも遠望できる。

杏子はコーカサスの山を越え、南に来ると、先々で歓迎された。今日、杏子はシリアの国花である。またイスラエルやパレスティナの春の村里でも、満開の杏子を楽しむことができる。

○歌がうまれるとき

杏子は、紀元前二千年紀の末にはすでにイスラエルの地には知られていたと言われる。ヘブライ語で杏子のことをミシュメシュというが、これは、中世にアラビア語（ミシュミシュ）から借用したものであり、聖書には登場しない。

ミシュメシュが出てこないのなら、では、杏子は別の語で聖書に登場するのだろうか。登場するという意見がある。タプアという語がそうだという。タプアは一般には林檎《りんご》と訳されている。

葡萄の木は枯れ、いちじくの木は枯渇し、
柘榴《ざくろ》、なつめ椰子、林檎も、
畑のすべての木々は枯れてしまった。（ヨエル書一・一二）

森の木々の中の林檎のように、
私の愛する人は、若者たちの中にいる。

彼の木陰に、私はほんとに座りたい。

彼の果実は、私の口に甘い。（雅歌二・三）

銀の細工物の中の金の林檎――
時宜にかなって語られたことば。（箴言二五・一一）

タプア＝杏子説によれば、「金の林檎」は林檎より杏子にこそふさわしい。

このほか、聖書のタプアは、人名としても（歴代誌上二・四三）、地名としても登場する（ヨシュア記一五・五三）。日本ならさしずめ梅田、梅本、梅沢、梅原、梅川、梅子といったタイプの名前であろう。杏子《きょうこ》という名前はあるが、林檎という地名や人名があるのかどうかは知らない。いずれにせよ、タプアを杏子であると決定づけるものはない。

もちろん、語源の問題はそのままにして、たとえば、もし自分が雅歌の作者であったなら、若い男女の美しくも危うい甘酸っぱい愛を語るのにどちらの比喩を用いるか、林檎にするか杏子にするかを考えるのは読者の自由である。あの島崎藤村の「初恋」の詩を思い出して、林檎にするのもいいかもしれない――

まだあげ初《そ》めし前髪の
林檎のもとに見えしとき
前にさしたる花櫛の
花ある君と思ひけり

やさしき白き手をのべて
林檎をわれにあたへしは……

あるいは、上に引用した雅歌の一節で、男性ではなく女性が伸び伸びと力強く詠っているところなどは、藤村よりも与謝野晶子的だから、雰囲気としては杏子のほうがなんとなく合っているのではないかと思うのも自由である。そうした積極的姿勢をだれも、たとえ聖書といえど止めることはできないし、止める必要もない。なぜなら、聖書がもつ大いなる価値の一つは、読み手を刺激し、その創造的イマジネーションをかき立てることにあると思うからである。

聖書の語句をめぐって学者たちの意見が分かれて解決の糸口が見えない、あるいは聖書が書き忘れたのか、何か大事なことが聖書の記述に欠けている、そのようなときこそ、読み手の創造的芸術的イマジネーションは発揮されるべきなのだ。欠乏は創造の母、歌が生まれるときである。

○花一輪

イマジネーションといえば、聖書にあるノアの洪水物語ほど読み手のイマジネーションをかき立てるものはない。つまり、物語に大事なことがいくつも欠けていて語られていないのである。

物語によると、大洪水は四十日四十夜、地上に降った。水は百五十日間にわたって地上を覆っていたが、やがて減り始め、箱船はアララトの山地に着いた。水はさらに減り続け、山々の頂があらわれた。

四十日たって、ノアは箱船の窓を開け、烏《からす》を放った。烏は飛び立ったが、足を休める場所がどこにも見つからなかったので戻って来た。しばらくたって、ノアは今度は鳩を放った。その鳩も箱船に戻って来た。ノアは七日ほど休んでから、再び鳩を放った。

夕方になると、鳩はノアのもとに戻って来た。見ると、くちばしに一葉のオリーブをくわえていた。そこでノアは、地上から水がなくなったことを知った。

しかし、ノアは慎重な人間である。この地域の人々が口にする「花一輪では春にならない」は、ノアに遡るといってもいいほどである。彼はきっと考えたのであろう。もしかすると鳩がくわえてきた葉はオリーブの流木の葉だったかもしれない。念には念を入れよ。

さらに七日経って、ノアは鳩を放った。鳩はもはや彼のもとに戻っては来なかった。それでノアは地上が完全に乾ききっていることを確信した（創世記八章）。

ノアは妻、三人の息子とその妻たち、鳥、動物、地を這うすべての生き物を連れて箱船を出た。大洪水によりアダムとエバ以来の人類の歴史は精算されたが、ここに新たな人類史が始まったのだ。地上に春が戻った。

ノアは動物や鳥に関してあらゆる種類のものをつがいで乗せた。糧となるあらゆる食べ物を採集したとあるから、穀物、木の実、果物は当然集めたであろう。だが、動物たちのための食物はどうしたのだろう。手塚治虫がイタリアの国営テレビからの依頼で製作したアニメーション『聖書物語』は、ノアの息子たちが干し草のようなものを山と積んだ荷車を牽いて箱船に向かう様子を描いているが、これなどは牛や馬などの食べ物を考えてのことであったか。だが、草食動物の食べ物は何とかなるとして、肉食動物についてどうしたのだろう。せっかく破滅を逃れ生き残るために箱船に集められた生き物たちが、そこで共食いを始めてしまったのではどうしようもない。ここはすべて想像する以外にないが、手塚治虫の『聖書物語』では、箱船に乗った肉食動物たちの間に極度に緊迫した空気がたちこめているのだが、ノアはあらかじめ準備してあった干し肉の塊を動物たちに与えることで共食いの悲劇を回避させている。そして保存してあった食料も底を尽きもうだめかと思ったときに、鳩がオリーブの葉をくわえながら戻ってきたというわけである。
　実際、すべての生き物が闘争をやめ、共に平和に生きるのは、聖書が求める究極の世界像である。

狼は子羊とともに宿り、
豹《ひょう》は子山羊とともに伏し、
子牛と若獅子と肥えた家畜は共にいて、
小さな少年がそれらを導く。
雌牛と熊は草を食べ、
相共に伏すのはそれらの子ら。
獅子は牛のように藁《わら》を喰らう。　（イザヤ書一一・六〜七）

手塚治虫が語る「ジャングル大帝」の向こうに聖書の理想と夢が力強く輝いて見える。
伝承によると、船から下りたノアとその家族はわずかながら残っていたものを集めて食事をした。中東の人々は、小麦粉、豆、レーズン、カレンズ（種なしの小粒の干し葡萄《ぶどう》）、干し無花果《いちじく》、なつめやし、ナッツなどで「ノアのプディング」を作ってその出来事を祝う。

聖書は、ノアが葡萄畑を作って洪水後の人類史における最初の農夫となったことを簡潔に述べる（創世記九・二〇）。そしてさらに、その後、ノアの三人の息子とその子孫から世界の民が増えていったというが、そこで語られているのは、中東、アフリカ、ヨーロッパの地域のことで、東洋は含まれない。東洋の視点が欠けているのである。聖書は東洋や日本というものを前提にしないで生まれ、長い歴史の流れの中で発展してきた文化である。たしかに、聖書が生まれた地と日本とは、歴史も風土も大いに異なる。だが、そうした違いはあっても、自然を愛し観察し、自然から感じ学ぶ素直な感情や感性はまったく同じである。

青空に映える春の木々に感動する心に、聖書の内も外もない。一輪の花を愛す心と感性は、聖書をより深く味わう助けにこそなれ、決してそれを妨げることはないはずである。

梅《むめ》一輪一りんほどのあたたかさ　（嵐雪）

ある日のカレンダー

真理および美の追究は　われわれが生涯を通して
子供のままでいることの許される行動領域である

○不思議

三つのことが、私にはあまりに不思議。
いや四つのことが不可解だ。
空の鷲《わし》の道、
岩の上の蛇の道、
海の真ん中の船の道、
そして若い女と男の道。

（箴言三〇・一八～一九）

海の真ん中の船の道

たしかに不思議である。いずれも飛んでいる姿、あるいは通って行く姿は見えるのに、跡にはなにも残らないのだ。これと同じようなことが、旧約聖書外典の「知恵の書」第五章でも語られている、

すべては影のように過ぎ、
うわさ話のように消え去ってしまった。

波を切って進む船のように、
通り過ぎ去るとその跡は見えず、
竜骨で分けられた波間はその跡形も残さない。
空を舞う鳥のように、
飛び行くあとには何も残さない。
鳥は軽い空気を羽で押しやり、
飛び進む力でかき分け、
羽ばたきでうち散らすが、
通り過ぎたしるしは後には何も見られない。
あるいは的に向かって放たれた矢のようだ、

空の鷲の道

切り裂かれた空気はすぐに戻り、
矢の通った道は分からない。

知恵の書は、箴言の「岩の上の蛇の道」の代わりに「矢の通った道」を加えているが、意図していることはいずれの書も同じである。両者に微妙な相違が見られるのは、それらが人間と結びつけて語られるときである。

知恵の書の著者は、あとに何も残さない船や鳥の動きを、人が自分の人生を振り返ったときにふと心に感じる後悔や空しい思いと結びつける。――

同じくわれわれも、生まれて来たかと思えば死ぬときが迫り、
徳の証を何一つ示しえなかった。

それに対し、箴言の著者にとって、軌跡を残さない空の鳥や船の道は後悔や空しさの象徴ではなく、不思議や謎の象徴であり、人間の事柄としては「若い女と男の道」がそうだというのである。すなわち女と男の出会いの道である。それぞれの生まれてから成人するまでの道だけでも複雑なのに、さらにもうひとりの別の人間の歩んできた道が、ある日、

ある時、あるところで交差しひとつになる。まさに出会いの不思議、不可解である。なぜ、どうしてと問われても、偶然としか答えられない。たしかなのは出会いがあったという事実である。

こうした出会いの不思議や不可解を体験しない人はこの世に一人もいないだろう。その体験に不思議を感じるかどうかの違いがあるだけである。だが、この「不思議」というものを感じるかどうかで、その人のものごとや人間に対する接し方やとらえ方は非常に変わってくる。人を理解する上で重要なキーワードである。

おそらく、お互いに相手と出会えたことの不思議を感じる男女の仲はうまくいくが、そうでなく、一方あるいは両方ともが、自分たち二人の出会いはあくまでも「この」自分の計算と判断によるものなのだといった考えをもっている場合は、危ないかもしれない。なぜなら、自分たちの出会いに不思議を感じるとは、自分の外の自然や宇宙に働く目に見えない力や摂理のようなものを認め、お互いに自分を絶対化せず相対的に見つめることができるという意味なのである。

○アインシュタインとの出会い

相対的といえば、二〇〇五年は、相対性理論で知られるアインシュタインの没後五〇周年にあたった。アインシュタインは一九二二年の十月から十二月にかけて日本を訪問、その間の十一月にノーベル賞授賞の発表があった。その日本訪問の際、ファンレターをくれた日本の学生にアインシュタインがプレゼントした自筆のサインがみつかったことが、新聞記事に載っていた。アインシュタインが泊まったホテルのメモ用紙には一般相対性理論の要となる方程式がいっしょに記されていた。ファンレターの内容がどのようなものであったのかはわからないが、そのときの学生にとって、アインシュタインからの返事は思いもよらぬ大きな刺激的出来事であり、出会いであったろう。後に日本の地球物理学の発展に大きく貢献した坪井忠二さんがこのときの学生だったそうだ（読売新聞二〇〇五年二月十九日）。

私にとり、黒板に書かれた数式や公式を説明しているときのアインシュタインはまるで宇宙かなたの星のように遠い存在に見える。ところが、そのアインシュタインが別のところで非常に身近な人に変わる。そう、この私にもアインシュタインとの出会いがあった。それはまさに不可思議な出会いだった。

アインシュタインは、『我と汝』などの著書を通してやはり日本に知られている哲学者のマルティン・ブーバーと共に、エルサレムのヘブライ大学の創立に貢献した。エルサレムの東側にオリーブ山と並んであるスコパス山上に大学の礎石が置かれたのは一九一八年の夏であった。しかし、大学院大学として出発したヘブライ大学における最初の講義が行なわれたのはそれから五年後の一九二三年。講師はアインシュタインで、講義のテーマは相対性理論についてであった。

私とアインシュタインとの最初の出会いはこのエルサレムのヘブライ大学で起きた。といっても、私がヘブライ大学での学びを始めたのは一九六九年からであるから、すでにアインシュタインは亡くなっていた。ところが、まるでタイムトンネルに迷い込んだかのような体験をしたのである。どう見てもアインシュタインとしかいえないほどそっくりの学生がいたのだ。二十代半ば、目も眉毛も鼻も口も、あのもしゃもしゃの髪の毛も、そして背の高さまで、なにからなにまでまさにアインシュタイン。どうしたのか、聖地エルサレムにしばしば起きる幻視症状なのか。専攻は物理でなく考古学、名はアルバートでなくダヴィドだった。ひょっとしてアインシュタインの孫かと思ったが、どうもそうではないらしい。それにしても、世の中には本当に似た人がいるものだと思った。

いずれにせよ、このとき以来、私はアインシュタインの名を聞くとすぐに、この若き〝アインシュタイン〟と席を同じくしての考古学の学びの日々を思い出す。

○ある日のカレンダー

それから三十年近く経って、私はアインシュタインとの新たな出会いを体験する。季節は青空広がる三月、場所はカリフォルニア大学バークリー校、友人に古代中東学のセミナーライブラリーを案内してもらったときのことである。図書館司書が座るカウンターの背後から人なつこい眼差しでこちらをじっと見つめる人がいた。まぎれもないあのアインシュタイン、物理学者のアインシュタインの顔。大きなカレンダーであった。だが、そのとき私の目を引いたのはアインシュタインの顔よりもその下に書かれていた彼の言葉であった。

真理および美の追究は、われわれが生涯を通して子供のままでいることの許される行動領域である。

いつも子供のように好奇心をもって自分の関心事を追求していけば必ず新たな発見があるし、喜びや感動がある。そこには物理学、考古学、聖書学、芸術といった学問領域や分野を隔てる壁は存在しない。大事なのは柔軟な子供の心と精神を持ち続けることである。そのことをアインシュタインは実にわかりやすい言葉で語っていた。その一言でアインシュタインは私にとり非常に身近な重要な人物になった。それはほとんど啓示に近い大きな出来事であった。

もしそれが三月ではなく二月であったなら、カレンダーはまだめくられておらず、その言葉に触れることはなかった。あるいは四月であったなら、すでにめくられてしまい、アインシュタインの他の言葉になっていたわけである。同じアインシュタインの魅力ある言葉が引用されているから、やはり心に響くものがあったと思うが、はたして「真理および美の追究は……」ほどのインパクトをそのときの自分が受けたかどうかわからない。なぜなら、同じ言葉がいつでも、どこでも不思議な力を発揮するわけではないからだ。言葉との生きた出会いは、箴言が語る、若い女と男の出会いと同様、人生のある時期、ある状況でこそ激しく美しく輝くからである。まさに知者コーヘレトが語るように、「すべてに時期があり、すべての出来事に時がある」。

私はすぐに手帳を取り出し、その言葉を書き写した。それを見ていたアメリカの友人夫妻は私とアインシュタインの思わぬ出会いを心から喜んでくれた。そしてそれ以後、毎年、私たちは新しいカレンダーを贈り合うようになった。季節が来ると、私は日本製のきれいなカレンダーを送り、友人夫妻のところからはアインシュタインの写真と言葉のついたカレンダーが届き、それをめくるたびに新たな刺激を受ける。

われわれが体験できる最も美しいことは神秘的なものである。それは真の芸術および真の科学が育つ上で必要な基本的感情である。それがわからない者、もはや物事に不思議を覚えることのできない、もはや驚嘆する感覚をもたない者は、吹き消されたローソクのように死んだも同然である。

(一九二三年、ヘブライ大学最初の講義を行なった年。アインシュタイン四十三歳)

エルサレム・スコパス山でのアインシュタイン（手前右から2番目）1923年

子供は両親の人生経験などに心を留めようとしないし、国家も歴史を無視しようとする。(子供も国家も) 嫌なことについての教訓は常に自分で体験して新しく学び直さなければならない。

(同右)

私は特別能力があるわけではない。ただ、情熱的なほど好奇心が強いだけです。

(友人に語った言葉。アインシュタイン六十三歳)

私が自然の中に見るのはわれわれが非常に不完全な形でしか理解できない荘厳な構造（体系）であり、それは考える人の心をきっと謙虚にさせるはずです。これは、神秘主義とは全く関係のない純粋に宗教的な感情です。

（アインシュタイン六十五歳）

アインシュタインの話は尽きない。

ところで、アインシュタインの相対性理論などといとも気軽に語ってしまうのだが、本当のところ、何のことなのだろう。

「そう、専門家だけでなく、私たち普通の人間にもわかるように説明していただけませんか？」あるとき、アインシュタインの秘書をずっと長く務めたヘレン・ドューカスさんが尋ねた。すると、アインシュタインは、こう言ったそうな、

「きれいな女の子と公園のベンチに座っている一時間は一分ぐらいにしか感じないけど、熱いストーブの上に座った一分はまるで一時間のように感じる、それが相対性理論だよ、ヘレン」

なるほど、それならわかる気がする。

消しさった紙

年をとってから学ぶ魅力

○紙とインク

あちこちで桜が美しく咲き誇り、新しい学年が始まるこの季節、今から一八〇〇年前に編纂されたユダヤ教の聖典『ミシュナ』の言葉が心に浮かぶ。

「幼いときに学ぶ者は何にたとえられようか。新しい紙の上に書かれたインクにたとえられよう。年とってから学ぶ者は何にたとえられようか。消しさった紙の上に書かれたインクにたとえられよう」

ここでの「紙」はパピルス紙や羊皮紙のことであり、当時の人々にとって高価な品物であったため再利用が行なわれた。古いインク文字を削り落としたものがネヤル・マフーク

「消しさった紙」である。ギリシア人はパリムプセーストス「再びこすり落としたもの」と呼び、それが英語その他の言語におけるパリムプセストになった。

新しい紙にインクで書かれた文字は鮮明である。同様にすべてに柔軟な小さな子供たちは、学んだものを素直に吸収し覚えることができる。

それに対し、「消しさった紙の上に書かれたインク」は鮮明さの点ではるかに劣る。ある年齢に達し、色々な経験を積んでからの学びは、記憶力の減退だけではなく偏見や先入観にとらわれたりして、なかなか容易ではない。

○消えない文字

パリムプセストが現代の再生紙と異なるのは、「消しさった」はずの古い文字が完全に消えないで薄く残っている場合が珍しくないことである。二十世紀初め、エジプトのナイル川上流アスワン近くのエレファンティネ島で発見された、前五世紀のパピルス紙パリムプセストもその一つである。

パリムプセストの表面には、オリエント世界で広く読まれた知恵文学『アヒカル物語』のアラム語訳が記されていたが、一九八八年、東ベルリンの博物館で同パリムプセストを調べていたイスラエルからの二人の学者は「消された」下の文書を丹念に調べ、それが前四七五年にエジプトの港に出入りした船舶を記録した税関書類であることを明らかにした。

古い記録と新しい記録、歴史文書と知恵文学が同じ紙に重なって記されている。二つの文書の性格は異なり、内容的にもそのままでは結びつかない。しかしながら、二つの歴史的に異なる時代や社会や人間が同一の紙の上でつながっていることも事実であり、その間の目に見えない歴史の糸を探ることもできるところに、パリムプセスト研究の大きな魅力があるのである。

羊皮紙にモーセ五書を筆写する写本家

たしかに、年をとってから何か新しいことを学ぼうとするとき、自分という紙に記された古い文字をひとまず消しさり、それを今一度新しくしてから始める気持ちが必要である。幼子のような素直な気持ちが大事である。それでも、「パリムプセスト」の下の文字ならぬ、経験や知識が顔を出してくるのはやむを得ないことである。新しい知識と、それまで

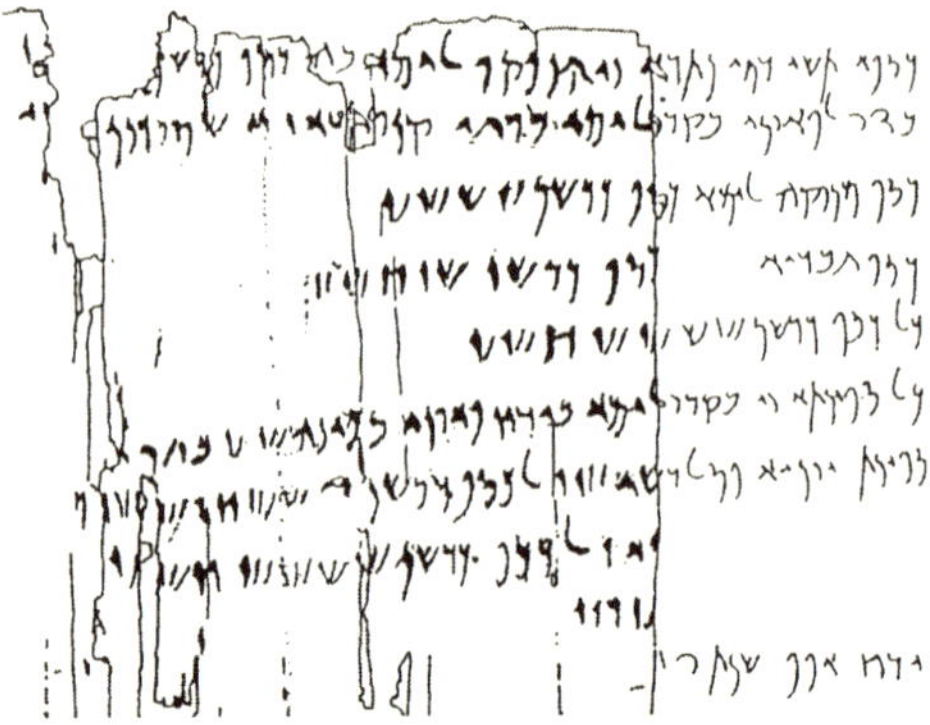

アラム語で記された税関記録。パリムプセストの下で消された文書。エレファンティネ島出土。前5世紀(部分)

に身につけた経験や勘や知識との調整に苦労するかもしれない。しかし、それがまた面白いのである。

○味わい深く

エレファンティネ島で発見されたパリムプセストが象徴しているように、長年港の税関で働いた経験が、その後学んだ知恵文学の理解に大いに役立つばかりか、両者が交差し混じることで、新たなものが生まれてくるのである。自分のこれまでの経験を生かしつつ、新しいものをつくっていくという創造的活動に対する意欲をかき立てる。これぞ、年をとってからの学びが与える魅力である。歴史のある「消しさった紙」の上に書かれたインクには、新しい紙にはない深い味があるのである。

旧約聖書が興味を抱くのは子供ではなく大人、それもわれわれの常識からすると、かなり年をとってから新たな人生の再出発をした人々である。アブラハムは七十五歳で妻を伴ってメソポタミアの郷里を離れ、見知らぬ土地カナンを目指し旅に出た。モーセはどうか。イスラエルの民をエジプトから導き出す任務についたのは彼が八十歳になってからであり、二人の前にはそれまでの経験とはまるで異なる人生が待っていたのである。

『ミシュナ』に記されている数々の味わい深い言葉を残したユダヤの賢人たち、イエスとその弟子たち、あるいは死海文書を書き残した人々が生きたのは、長い歴史を誇っていたオリエント（東方）の文化のただ中にヘレニズム・ローマ（西方）の文化が怒濤のごとくなだれ込んできた時代であった。大きな時代の波をかぶり、それにときに翻弄され、ときに傷つきながらも、彼らはそれぞれ遺産としてのヘブライ精神とのバランスをとりながらたくましく生きた。

消しさった紙の上に書かれたインクはその後もいくどとなく消され、削られては使用され続け、一枚一枚あるいは一巻一巻が、味わい深い生き生きしたパリムプセストに成長していった。

「消しさった紙」――それは柔軟と若さの象徴でもあるのだ。

お赤飯

ここには　そら豆　ここには南瓜《かぼちゃ》
彼等はエルサレムの巡礼から帰って来た

○ささげ

東京駅から「つくばセンター行き」バスに乗ってちょうど一時間、桜インターチェンジを下りると、すぐに市の入り口の大きな交差点にぶつかる。まもなく終点である。交差点の名は、大角豆《ささぎ》交差点という。ささぎは「ささげ」が転じたもので、漢字で大角豆と書くのは、小豆《あずき》よりもやや大きく角張っていることに由来する。また、豇豆とも書く。

かつてこのあたりの畑では、ささげの栽培が盛んだったのであろう。ささげは、小豆のように煮くずれしないのと、色も小豆よりきれいに出るため、赤飯用の豆として用いられてきた。

豇豆《ささげ》赤し摘みに来りし母子かな　（虚子）

ささげは秋、莢《さや》を結ぶ。莢が長いのが特徴で、多くの種類がある。原産地はアフリカで、古代にすでにインドや東南アジアに伝わっていた。日本には九世紀頃、中国から渡来。ギリシア、ヨーロッパには、紀元前三世紀に、アレクサンドロス大王によってもたらされたと言われている（『平凡社大百科事典』「ササゲ」項）。

聖書にささげは出てこない。聖書時代後（紀元二〇〇年ごろ）に編纂された『ミシュナ』の第一部「ゼライーム」にはいくつもの豆科植物が登場し、邦訳（石川耕一郎・三好迪訳、教文館）は、そのうちのセフィール、ポール・ミツリ、ハルーブについて、それぞれささげ豆、エジプトささげ豆、ペルシアささげ豆の訳語を当てている（キルアイム項一・一〜三）。

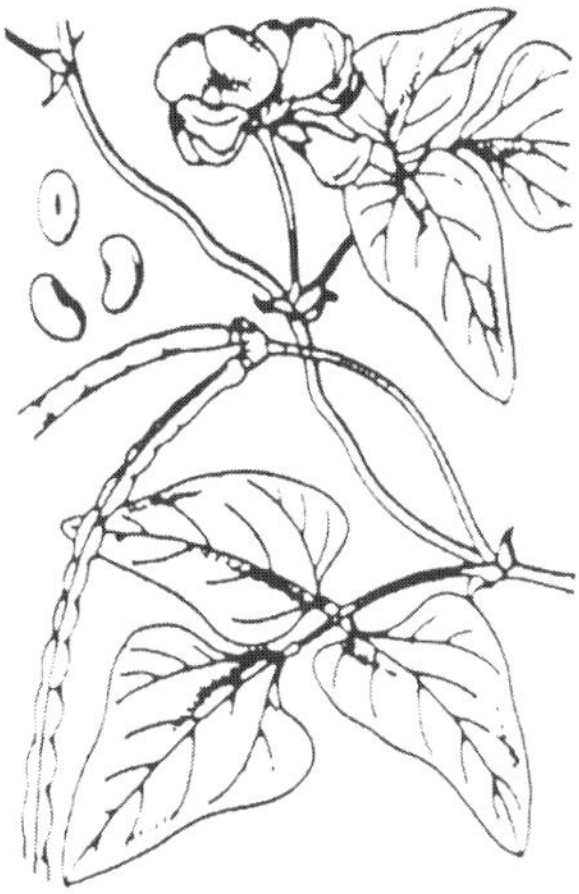

ささげ（新訂『牧野新日本植物図鑑』北隆館 2000 年より）

セフィールが具体的にどのような種類のささげなのかは明らかではない。そら豆、あるいはいんげんと訳す学者もいる。ポール・ミツリは、字義どおりには

「エジプト豆」である。今日、「ささげ」（英語 cowpea）の訳として一般に用いられるヘブライ語は、このポール・ミツリである。三番目のハルーブは、普通、いなご豆を指す。死海の北のオアシスの町エリコなどでいなご豆の大木を見ることができる。「放蕩息子のたとえ」には家畜の飼料として言及されている。「彼は豚の食べるいなご豆を食べてでも腹を満たしたかったが、食べ物をくれる人はだれもいなかった」（ルカ福音書一五・一六）。また、洗礼者ヨハネが常食にしていた「いなご」（マタイ福音書三・四）はいなご豆のことであったとする意見もある。いずれにせよ、赤飯にするような豆ではない。

○ムジャッダラ

聖書にも登場し、しかも、パレスティナのアラブ人が日本の赤飯と同じように料理して食べる豆がある。それはレンズ豆である。料理の名はムジャッダラ。パレスティナだけでなく、シリアやレバノンの人々も好む家庭料理である。

レンズ豆の名は、それが扁平で両面がふくらみ、レンズのような形をしていることに由来する。中東のどの地域の店でも売っている。赤色とグリーンと茶色のレンズ豆があり、赤色とグリーンのレンズ豆は主にスープに用い、ムジャッダラには茶色のレンズ豆を用いる。レンズ豆を玉ねぎのみじん切りといっしょに米に混ぜて炊くのである。レンズ豆の炊《た》き込みご飯、アラブ風赤飯である。

このアラブ風赤飯、ムジャッダラは「貧者の食事」と呼ばれる。なぜ、そう呼ぶかと言うと、ムジャッダラを客人の食卓に出すとき、一家の主人は、「お口には合わないかもしれませんが……」の代わりに、「貧者の食事で申し訳ございませんが……」と言うからである。それに対し客は、「とんでもございません。どうか王の食事（肉料理）はとっておいてください。私どもは、毎日ムジャッダラをいただきたいくらいです」と答える。実際は、貧しいどころか、とても美味しい料理である。

レンズ豆（M・ゾハーリ『パレスティナの植物』1972年より）

ムジャッダラにはもう一つ、「エサウの好物」という呼び名がある。なぜか。それは、旧約聖書にあるヤコブとエサウの物語に関係する。ヤコブが自分の家で赤いレンズ豆の煮物料理を作っていたところ、狩りからくたくたになって帰ってきた兄エサウが、その煮物を食べさせてくれと強く頼み、その代わり、長子の権利をヤコブに譲る約束をしてしまう（創世記二五・二七～三四）。それほど、彼は空腹だったのだ。

ヤコブが料理していたのは、赤いレンズ豆の煮物であったから、茶色のレンズ豆を用いるムジャッダラではなかったわけであるが、とにかくレンズ豆料理であったことには変わりはないので、アラブの伝承では、ムジャッダラが「エサウの好物」と呼ばれてきたのである。

○聖書の地と米

ところで、ムジャッダラ赤飯の料理はどのくらい古く遡るのか。それは材料の起源の問題に関係する。レンズ豆や玉ねぎはエサウとヤコブの物語の背景になっている紀元前二千年紀半ばごろにはすでに中東地域で栽培されていた。玉ねぎは、出エジプトの物語にも出てくる。モーセに率いられてエジプトを脱出したイスラエルの民は、荒野の生活の厳しさに驚き、ああ、こんなことならエジプトで奴隷生活をしていた方がまだよかったな。エジプトで食べた魚、きゅうり、メロン、葱《ねぎ》、玉ねぎ、にんにくが忘れられない、と愚痴を述べるのであった（民数記一一・四〜六）。

レンズ豆と玉ねぎについてはわかった。では、ムジャッダラを作るのに欠かせない米についてはどうか。米は、今日、中東の人々の日々の食生活から切り離せないものになっているが、一体、いつごろからこの地に紹介されたのであろうか。

聖書に米は出てこない。しかし、同僚で考古学者の常木晃氏から、北西イランではすでに紀元前八〜六世紀には稲作が行なわれていた事実を教えられた。同時期のアッシリアの碑文に登場するクラング（kurangu）という語が、多分イネ（コメ）を表すものであること、また、紀元前数世紀までにはシリアを含む西アジア各地で稲作が行なわれるようになっていたこともわかった（中村慎一『稲の考古学』同成社二一七〜八頁）。

これらから、聖書時代の終わり頃にはパレスティナでも、稲の栽培は行なわれなかったにせよ、米の存在については知られていたものと推測される。先に触れた『ミシュナ』には米（ヘブライ語でオレズ）がたびたび登場する。それだけではなく、イスラエルの地すなわちパレスティナ以外で育つ米、といった表現まで登場する（ゼライーム・デマイ項二・一）。パレスティナ以外で育つ米ということは、つまり、パレスティナで育つ米もあった、という意味であろうか。もし、そうだとすれば、パレスティナのどこで米を育てたのであろうか。興味は尽きないし、これから調べなければならないことは沢山あるが、明らかなのは、少なくともローマ時代のパレスティナの人々は米——それがどこ産のものであれ——を食べたことは間違いないし、レンズ豆を入れて炊いたムジャッダラ赤飯だって食べていたかもしれない、ということである。

○マルタの料理

ここで思うのは、イエスを家に迎え食事のもてなしをしたマルタのことである。マルタの家は、エルサレムのオリーブ山東麓の村にあった。村の名前はベタニヤ。アラビア語ではエル・アザリエの名で呼ばれている。

彼女にはマリアという姉妹がいた。マリアはイエスの足もとに座って、その話に聞き入っていた。マルタは、客人のもてなしのためせわしなく立ち働いていたが、イエスに近寄って言った。

「主よ、わたしの姉妹はわたしだけにもてなしをさせていますが、何ともお思いになりませんか。手伝ってくれるようにおっしゃってください」

すると、イエスは答えた。

「マルタ、マルタ、あなたは多くのことに思い悩み、心を乱している。しかし、必要なことはただ一つだけである。マリアは良い方を選んだ。それを取り上げてはならない」(ルカ福音書一〇・三八〜四二)

気の毒に、せっかく美味しい料理を作ってイエスを喜ばせようとしていたのに、イエスから返ってきた意外な言葉に、マルタはさぞかし驚いたことであろう。

それにしても、マルタは、一体、イエスのためにどんな料理を作ろうとしていたので

エルサレムのオリーブ山東麓にある村、ベタニヤの風景

あろうか。パンだけ焼いて、あとはオリーブの漬け物を皿に盛って出すだけでよかったかもしれない。それなら時間も手間もかからないし、それでイエスも十分喜んでくれたかもしれない。

あるいは、そうかもしれない。でも、マルタは、もう少しましな家庭料理を作って大事な客をもてなしたかったのだ。畑でとれた上質のレンズ豆と玉ねぎ、それに、この時のためにとっておいた貴重な米でわが家自慢の料理を、美味しいお赤飯を作って差し上げたかった……そう思ったのではなかったか。

自分なりに一番よいと思ってするこ

とが、なかなか相手に伝わらない。善意の空回りと苛立《いらだ》ち。人間世界の複雑さ、哀しさ。
そういうなかで、畑に咲く豆の花のなんと美しく、可愛いらしいことか。

シモーン、八月の庭は豊かに香《かんば》しく匂っている。
庭には大根と蕪《かぶら》と茄子《なすび》と砂糖大根がある、
そうして青いサラダに交ざって病人に食べさせる萵苣《ちしゃ》（＝レタス）がある、
その彼方《むこう》にはキャベツの群集。
私たちの庭は豊かで美しい。

豌豆《えんどう》は、蔓垣《つるがき》の果《はて》までよじ上り、
蔓垣は緑の着物に紅い花をつけた若い女の姿に似ている。
ここには、そら豆、ここには南瓜《かぼちゃ》、
彼等はエルサレムの巡礼から帰って来た。
玉葱《たまねぎ》はいちどに育って王冠を飾った。

（ルミ・ド・グールモン「庭」堀口大學訳）

黄金の丘

敷島《しきしま》や　やまと言葉の　海にして
拾ひし玉は　みがかれにけり

○考古学者のように

ごらん、冬は去り、雨の季節は終わった。
花は地に咲きいで、小鳥の歌うときが来た。
（雅歌二・一一〜一二）

イスラエルの春、それは地のすべてが生き返る、復活の季節である。長い乾季の間中、白茶けた地肌をむき出しにしていた大地が突然、薄緑色に変わり、色とりどりの草花が咲き乱れる。数多い草花の中にあってひと際目立つのはシュンギク（春菊）である。北はガリラヤの平野から南はネゲブ荒野まで、西は地中海に面したシャロンの野から東はユダ荒野の端、死海沿岸のブケイア台地に至るイスラエル各地がシュンギクの黄金色で被われ、その存在感は圧倒的である。まさにシュンギクはイスラエルの春を飾る冠である。

シュンギク

　シュンギクは荒れ地、なかでもテルを好む。テルとは何百年、何千年もの間、建てては壊され、様々な民が来て建てなおしてはまた消え、泥レンガの壁は崩れ砕かれて土に戻り、さらに遠くから風によって運ばれて来た砂や埃《ほこり》が廃墟を覆い、幾層にも重なってできた遺跡の丘である。シュンギクはそうした丘を好む、まるで考古学者のような花だ。シュンギクはイスラエルを含む東地中海沿岸地方が原産である。

　イスラエルの春に蘇るのは大地や遺跡丘だけではない。長い間眠っていた言葉までが蘇る。ヘブライ語の復活である。ヘブライ語は旧約聖書の時代から四千年近い間ずっと使用されてきた。しかし、それは書き言葉としてであって、ヘブライ語が日常語として使用されていたのはユダヤ人がローマの支配者によってパレスティナから追放される紀元一世紀末から二世紀前半頃までであった。それ以降、世界各地に離散して行ったユダヤ人たちはヘブライ語を祈祷、手紙、契約、作詩には用いても、日常生活の中で用いることはしなくなった。

しかし、十九世紀半ばになりヨーロッパのユダヤ人の間で民族覚醒運動が盛んになると、ヘブライ語に対するユダヤ人の考え方に大きな変化が起きた。彼らは考えた。この二千年間自分たちユダヤ人はそれぞれが住む地域の言語を話す努力を続けてきたが、果たしてそこに真の意味での魂の平安があったであろうか。なかった。言葉は民族の魂である。ユダヤ人の魂を揺さぶり慰め癒す言葉はヘブライ語であって、ロシア語やドイツ語やスペイン語ではない。ユダヤ人としての魂の平安を得るにはもう一度ヘブライ語を日常語として復活させなければならない。話し言葉としてのヘブライ語の復活である。言葉は声に出し、叫び、笑い、対話してこそ生きた言葉になる。ユダヤ人は二千年前までの先祖たちのように家庭で親や子がヘブライ語を使って生活しなければならない――そのことをだれよりも強く確信し、だれよりも強く主張したのは、近代ヘブライ語の父と呼ばれるエリエゼル・ベン・イェフダ（一八五八～一九二二年）であった。

○解放の言葉

ベン・イェフダは当時ロシアの一部であったリトアニアのルシュキに生まれた。ベン・

イェフダが新妻のデボラを伴ってパレスティナのヤッフォに着いたのは一八八一年十月、彼二十三歳の時であった。ヤッフォは現在のテルアヴィヴの南部、地中海に面した古い港町である。当時のパレスティナはオスマン・トルコ帝国の一部であった。ベン・イェフダは、ヤッフォについたその日から、夫婦の会話はヘブライ語だけにすると心に決めた。

二人の前には経済的困窮や彼の病（結核）など、数々の困難や障害が待ちかまえていた。ヘブライ語は神聖な言葉であり日常語として用いるのは不敬虔であるという保守派ユダヤ教徒の中傷や妨害とも闘わなければならなかった。しかし、ベン・イェフダにはそうした障害を遙かに越える大きな夢と喜びがあった。ヘブライ語の復活という大きな夢であり、古い伝統の上に立ちながらさらにそこから新しいものを生み出す、創造の喜びである。

ベン・イェフダは、旧約聖書およびその後のヘブライ語文献など膨大な資料に当たりながら、新しい言葉を創造した。こうして、たとえば、聖書のマタル「雨」からミトリヤ「傘」が、ミラー「言葉」からミローン「辞書」が生まれた。バラク「稲妻」からはミブラク「電報」が生まれた。もしこのことを士師時代の英雄バラク（士師記四～五章）が知ったら、きっと驚くことであろう。雨季の終わりにイスラエルの大空に鳴り轟く春雷、あれはひょっとすると自分の名前に関係する新語の誕生を喜ぶバラクからの祝電かもしれない。

家族を食べさせることにいつも苦労したベン・イェフダであるが、そのとき頭に詩編の言葉が思い浮かんだのであろう、サーアド「支える」からミスアダー「食堂《レストラン》」が誕生した。

ぶどう酒は人の心を喜ばせ、
油は顔を輝かせ、
パンは人の心を支える。
（詩編一〇四・一五）

エリエゼル・ベン・イェフダ

オファン「車輪」からオファナイム「（二輪すなわち）自転車」が生まれ、レケブ「（馬が牽《ひ》く二輪の）戦車」からラケベト「汽車」が生まれた。

こうして生み出される新しい言葉は、ベン・イェフダが発行するヘブライ語の新聞を通して内外の読者や支援者たちのもとに届けられた。一八八三年にロシアで起きた激しいユダヤ人迫害（ポグロム）を逃れて来た人々にとって、ロシア語に代わってヘブライ語で話すのは、悲惨な体験の悪夢からの解放と傷ついた心や精神を癒す上で非常に貴重であった。多くのユダヤ人にとって新しいヘブライ語の学習は、自分たちを重い過去から解き放って新しく造りなおすことに繋がっていた。人々はベン・イェフダのもとから送られてくる新しいヘブライ語を、焼きたてのパンを賞味するように喜んで味わい消化していった。

○時と新聞

その大活躍の新聞それ自身を表すヘブライ語はどうだったか。もちろん、聖書に新聞なる語は登場しないし、それ以後のヘブライ語によるラビ文献にも出てこない。そこでベン・イェフダが考え出したのがイトーンであった。基になったのは時を意味するエート。「時《エート》」が集中的に登場するのが有名なコーヘレト書三章である――

天の下のすべての事に時がある。
生まれる時、死ぬ時
植える時、植えたものを抜く時
殺す時、癒す時
破壊する時、建てる時
泣く時、笑う時

嘆く時、踊る時……

ヘブライ語の復活にすべての時を捧げたベン・イェフダの胸には、常にこのヘブライの賢人の言葉がしっかり刻まれていたにちがいない。

石を放つ時、石を集める時
抱擁の時、抱擁を遠ざける時
求める時、失う時
保つ時、放つ時
裂く時、縫う時
黙する時、語る時
愛する時、憎む時
戦いの時、平和の時。（コーヘレト書三・一～八）

一八八九年、ベン・イェフダはヘブライ語委員会（一九五三年ヘブライ言語アカデミーと改名）を創立した。翌一八九〇年には大半のユダヤ人村の学校が授業をヘブライ語で行なっていた。だが、彼は、時は短く、なすべきことはあまりに大きいことを感じた。一八九一年、ベン・イェフダ三十三歳のとき、最愛の妻デボラを病気で亡くした。続いて末娘のアタラ（「飾り冠」）を含む三人の幼い子供がジフテリアで命を失った。ベン・ツィオンともう一人の子だけは助かった。

知らせを受けたデボラの妹ポーラが姉の遺志を受け継ぐことを心に決めて、翌一八九二年、リトアニアからパレスティナにやって来た。彼女はベン・イェフダの勧めで名前をポーラからユダヤ的なヘムダ（「愛らしい女性」）に変え、彼と結婚した。そのときのヘムダは二十歳。まだ小さい姉の子供たちを深い愛情をもって育てた。その一方、夫のヘブライ語辞書の仕事を手伝った。若い力にあふれ、しかも聡明でヨーロッパの諸言語に通じていた彼女は、まさに天がベン・イェフダの偉大な事業のために与えた最良の助け手であった。

現代語として蘇ったヘブライ語は、シュンギクのようにパレスティナ全土のユダヤ人の町や村で花咲いた。新しい言葉の春である。それはまた、二千年ぶりに自分たちの「魂」を取り戻したユダヤ民族にとって春であり復活体験であった。

一九一〇年、ベン・イェフダの『古代・現代ヘブライ語辞書』の分冊による出版が開始された。彼五十二歳のときである。

ここで触れておくべきは、それより少し前の一八九一年（明治二十四年）、日本でも大槻文彦が十七年を費やした日本初の近代的国語辞書『言海』が完成していたことである。当時、近代国家に生まれ変わろうとしていた日本にとって国語の整備、日本語辞書の作成は非常に重要な課題であった。その大任が文彦に託されたのであった。文彦は数々の困難にぶつかるが、友人たちに励まされ助けられてひたすら仕事を続けた。

ときには弱気になることもある彼の心を支えたのは、祖父大槻玄沢《げんたく》より父盤渓《ばんけい》を経て譲り受けた「思いさだめて興すことあらば、遂げずばやまじ」、苦しくても決して逃げない、の精神であった（高田宏『言葉の海へ』）。まさに日本のエリエゼル・ベン・イェフダである。

文彦は『言海』の最後の頁に後京極《ごきょうごく》（藤原良経《ふじわらのよしつね》）の歌をかかげて書名の因《よ》るところを示した。

敷島《しきしま》ややまと言葉の海にして
　拾ひし玉はみがかれにけり

○ハルツィートの誕生

一九二二年、ベン・イェフダは六十四歳の生涯を閉じた。そのとき彼のヘブライ語辞書は完成からまだ遠いところにあったが、妻ヘムダと息子エフドが出版を続けた。そしてベン・イェフダの死から三十七年経った一九五九年、ヘブライ語辞書（全十七巻）が完成した。ヘムダはその八年前に七十八歳の生涯を終えていた。

ヘブライ語はその後さらに磨かれ、美しい現代語として成長していった。哲学、医学、物理、化学、建築、美学、生物学など学問や技術の全分野に関する専門用語がヘブライ語で表現できるまでになった。動物や植物の名前も一つ一つ決められた。その中には、イスラエルの春を象徴するシュンギクとその仲間を指す名前ハルツィートも含まれていた。意外なことに、シュンギクは遠い古代からこの地に咲いていたのに旧約聖書にもその後のヘブライ語資料にも出てこない。あまりにも一般的な花であったために古代イスラエル人は名前をつけようともしなかったのであろうか。

いずれにせよ、ハルツィートは、旧約聖書の編纂後二千年経ってから付けられた、まったく新しい名前である。意味は「可愛い黄金（の花）」。ギリシア語のクリュサンセモン「黄金の花」を基にして付けられた。だが言葉の歴史は古く複雑である。「黄金」を表すギリシア語クリューソス chrysos は、より古くヘブライ語のハルーツ kharutz「黄金」にまで遡る。

いかに幸いなことか
知恵に到達した人、英知を獲得した人は。
知恵によって得るものは銀によって得るものにまさり
彼女（知恵）によって収穫するものは金にまさる。
真珠よりも貴くどのような財宝も比べることはできない。　（箴言三・一三～一五）

知恵を得ることは金にまさり
分別を得ることは銀よりも望ましい。　（箴言一六・一六）

おそらくハルツィートは、世界のシュンギクの仲間では最も遅く名前が付けられた部類に属するであろう。
しかし、たとえ名前を付けられたのは最後でも、イスラエルのシュンギクは、遙か古代よりその地に生息しそこの空気を吸ってきたのである。事実、ハルツィートは日本で食用として栽培している春菊（関西ではキクナの名で知られている）の原種とされている。いつであったろう、ある時、地中海沿岸で仲間と別れて東へと向かったハルツィートは、十六世紀ごろ中国経由で日本に渡った。

野生のシュンギクが黄金色に眩しく咲き乱れる春のイスラエルの丘には聖書時代の香りがそのまま残っている。

シュンギクは、イエスが、見よ、栄華を極めたソロモンでさえ、この花の一つほどにも着飾っていなかった（マタイ福音書六・二八〜二九）と語った「野の花」の有力候補の一つである。

Ⅱ　ヨナの朝顔

もう一つの地図

筑波嶺《つくばね》の　峰より落つる　男女川《みなの》
恋ぞつもりて　淵となりぬる

目を上げて、わたしは山々を仰ぐ。
わたしの助けはどこから来るのか。　（詩編一二一・一）

○心を広げる朱線——伊能図

なんと美しいのだろう。その地図の写真を目にしたとき、私は思わず声を出した。地図の名は、東京国立博物館所蔵の伊能図。伊能図は、伊能忠敬《いのうただたか》とその測量隊が、一八〇〇年（寛政十二年）より足かけ十七年かけて完成させた日本地図である。伊能隊は、日本全国を三枚の図で描いた小図（縮尺四三万二〇〇〇分の一）、八枚でカバーした中図（縮

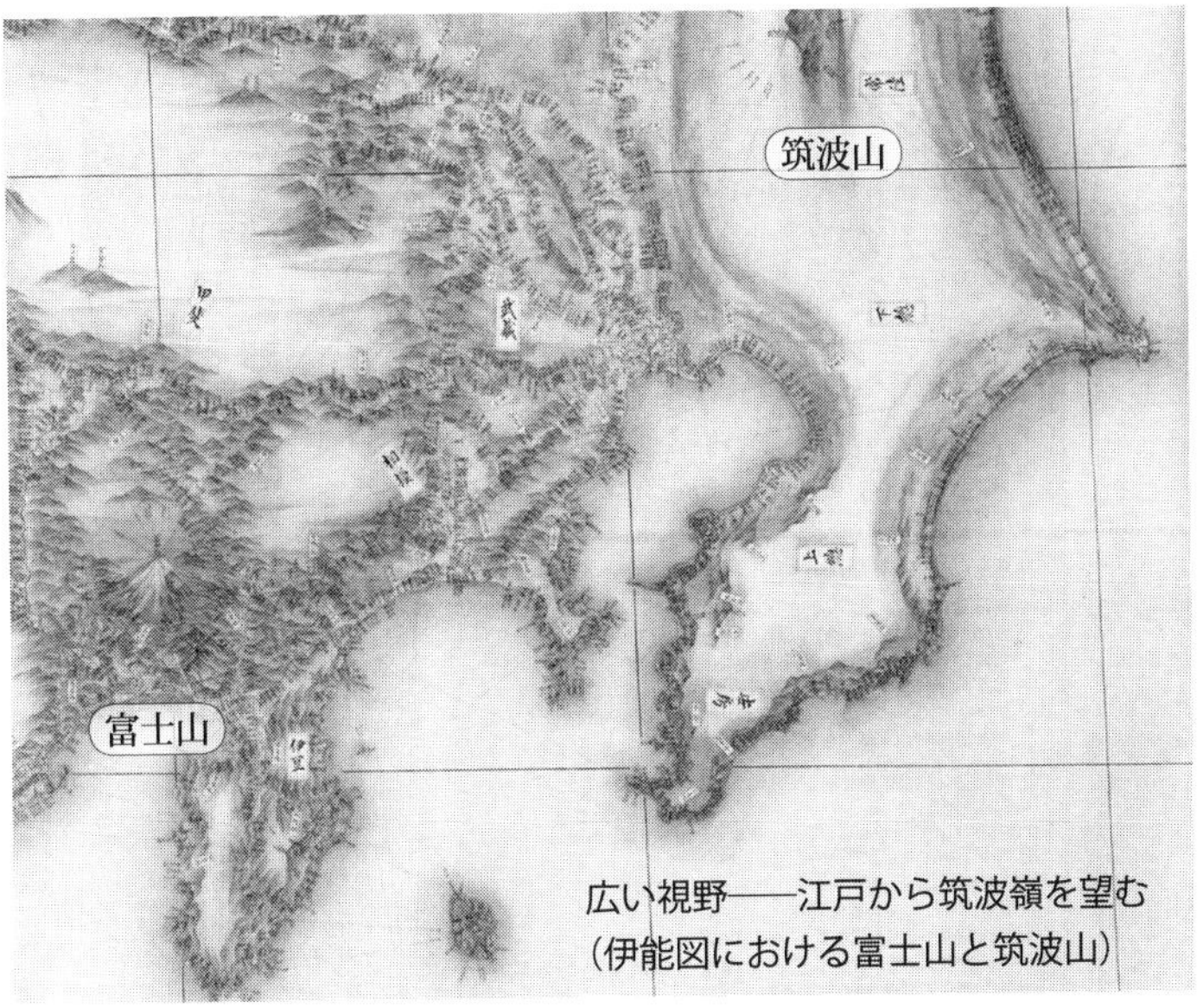

広い視野――江戸から筑波嶺を望む
（伊能図における富士山と筑波山）

尺二一万六〇〇〇分の一）、そして二百十四枚の図で描いた大図（縮尺三万六〇〇〇分の一）の三種類の地図を作製した。

伊能忠敬が江戸に出て、自分より若い高橋至時《よしとき》の下で西洋天文学の本格的な勉強を始めたのは、忠敬五十二歳のとき。測量は、彼が五十六歳のときに開始され、七十二歳になるまで続いた。測量日数は三千七百三十七日におよび、測量距離はおよそ四万キロメートル、天体観測地点の数は千二百三に及んだ。忠敬は、測量成果の集大成の途中、日本全国図が完成する前に亡くなった。仕事は彼の弟子たちによって引き継がれ、三年後の一八二一年（文政四年）、高橋景保《かげやす》の監督のもとに完成した。

伊能忠敬の地図は、精度の高さはもちろんのこと、それを美しく提示するように工夫した人々の技術とセンスのよさは抜群である。日本列島の地勢を正確にとらえることを主にしているため、細かな地名は記されていないが、その簡素さが、海岸線や街道に沿って引かれた朱線と共に、地図の美しさを一層引き立たせている。

さらに、地図上には、測量地点から見通した山の頂や岬の突端などに向かって真っ直ぐに引かれた朱線が、縦横に走っている。私が特に引き付けられたのは、この朱線である。いうまでもなく、関東近畿地方においては、朱線が、あらゆる方向から富士山頂に向けて、真っ直ぐ走っている。各地で見られる富士見台とか富士見ヶ丘という地名は、富士の高嶺が遠くからでも見えたことを示している。場所によっては、今日でも、晴れた日には見えるはずである。

伊能図の関東において、富士山に次いで朱線が多いのは、筑波山である。東南は房総半島の銚子から、南は東京（江戸）方面から数本の朱線が走っている。筑波山の標高は、富士山（三七七六メートル）に比べ、ずっと低い。山頂は二つに分かれ、男体山《なんたいさん》が八七〇メートル、女体山《にょたいさん》は、それよりやや高く、八七六メートルである。以前は、高層ビルなどなかったから、東京のいろいろな場所から筑波山が見えたのである。西の富士、東の筑波と、並び称せられたほどの名山であり、百人一首にも筑波山を詠んだ歌がある。

筑波嶺《つくばね》の峰より落つる男女川《みなのがわ》
　恋ぞつもりて淵となりぬる　（陽成院）

（筑波の二つの峰より激しく流れ落ちてくる川の流れは水量を次第に増し、やがて深い淵となるように、私の恋心も積もりつもって、とうとう深い淵のようになってしまった）

左の方を望めば富士が、右手に目をやれば筑波の峰々が見える。昔の人々は、ある意味で今よりずっと広い視界の中で生活していた。伊能図の朱線は、そのことを教えている。朱線は視線であり、視野でもある。現代のわれわれの生活は、携帯電話やインターネットのお蔭で、筑波峰の男女川の水量など問題にならないほどの膨大な情報が、世界中から、それこそ天候の善し悪しにも、時間や季節にも関係なく、怒濤のごとく押し寄せてくる。

しかし、われわれ一人一人が、現実に、周囲を見るときの視界は、実に狭く小さい。道路や町名を詳細に記した道路地図を手に車であちこち走り回り、マイル数がどれほど増えようと、基本的に、それはあまり変わらない。朱線で全体を美しく引き締め、朱線でかつて人々が日々遠くに望んだ山々の峰を示す伊能図は、われわれが失ったある種の心のゆとりを思い出させてくれるかのようである。狭くなった心を広げてくれる不思議な朱線である。

伊能図の朱線は、足を棒にして全国を歩き測量した伊能忠敬とその時代の人々から現代のわれわれに向けられた、鋭くもさわやかな視線である。

○温かい色——マデバ・モザイク地図

日本地図ではないが、われわれの心と視野を広げてくれる美しい地図で、どうしても触れなければならないのは、マデバ地図である。マデバ地図は、一八八四年、ヨルダン王国の首都アンマンの南三十三キロメートル、死海北端より東に約二十五キロメートルの地点のマデバで見つかったビザンツ時代の教会の床を飾っていたモザイク地図である。マデバは、聖書にはモアブの町メデバとして登場する（民数記二一・三〇、イザヤ書一五・二）。

地図は、二〇メートル×八メートルの大きなもので、エルサレムを中心に北はシリアのハマトやダマスコ、南はシナイ山やエジプトのテーベまで、東はラバト・アンモン（アンマン）あるいはセラ（ペトラ）から西は地中海に至る。作成は紀元六世紀ごろ、伊能忠敬の地図よりも一二〇〇年以上も古く、パレスティナと周辺の地図として最古のものである。

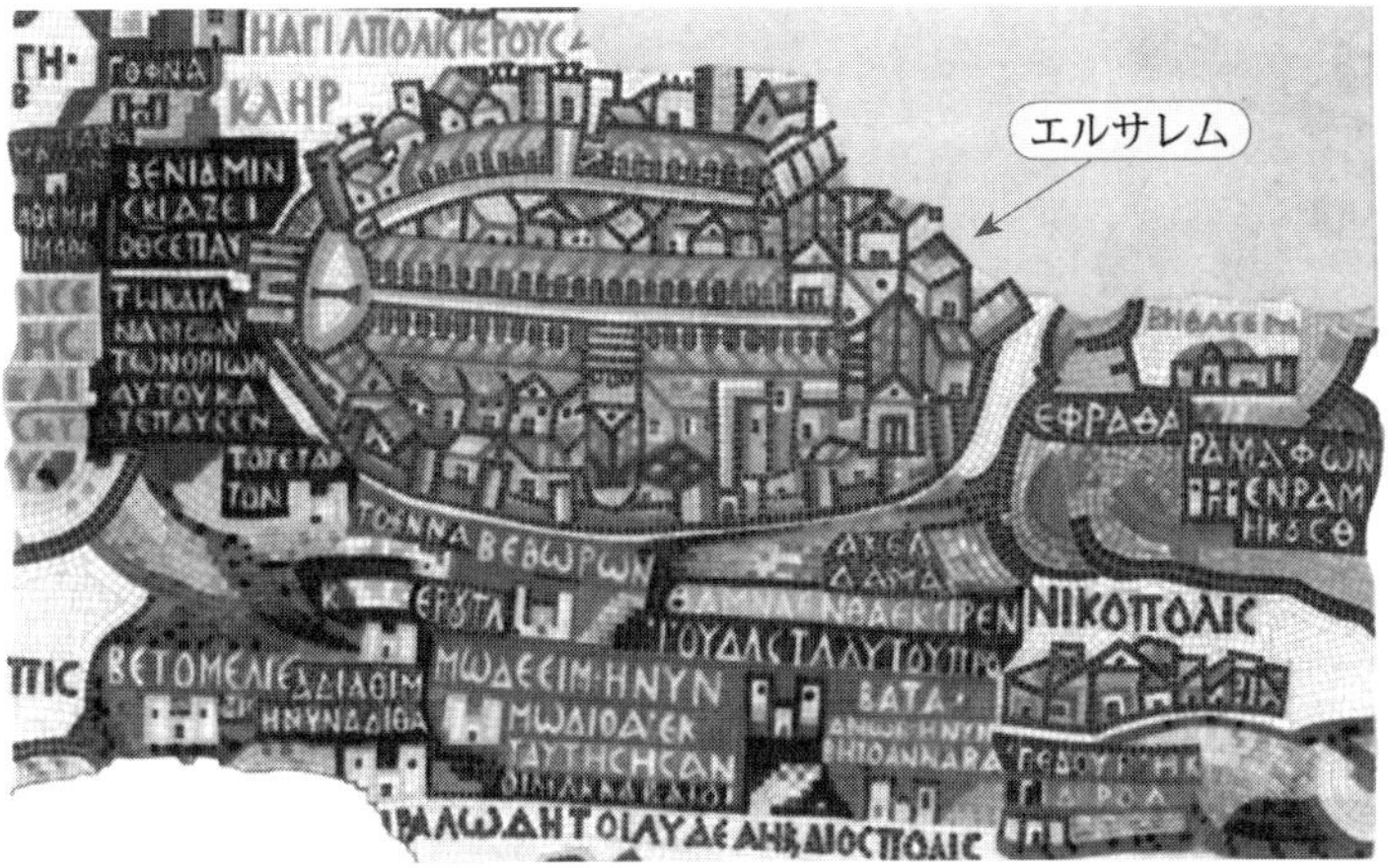

マデバのモザイク地図とエルサレム

ヨルダン川には魚が泳ぎ、死海の北、ヨルダン川西岸の大きなオアシス、エリコにはなつめ椰子の木が茂り、対岸では獅子がガゼルを捕らえようとしており、死海には二艘のボートが浮かぶ。周囲を城壁が囲むエルサレム市の中央には、広い通り（カルド）が南北に走り、聖墳墓教会ネア教会、神殿の丘があり、ダマスコ門、ステファノ門、黄金の門、糞門、シオン門、ヤッフォ門などの城門のついた城壁が描かれている。地図には、ヨセフ、ベニヤミン、ダン、ゼブルン、シメオンなど、イスラエル部族名、エルサレム、ゲリジム、エフラタ、アシュケロン、ガザなどの地名を含む百五十九の名前が記されている。使用されたモザイク石の数は二百三十万個、それらの石を貼るのに、一万一千五百時間

（一日十二時間の労働として一千日近く）を要したであろうという。地図の尺度は、ユダ地方については一万五〇〇〇分の一、エルサレムについては一六五〇分の一という計算がなされている。

赤、茶、黒を基調としたモザイク地図の配色は鮮やかで美しく、全体を暖かい雰囲気で包んでいる。キリスト教が公認され、多くの巡礼者たちが聖書ゆかりの地を訪れた、教会にとっては恵まれた活力にあふれた時代を証言する作品である。

マデバ地図は、地中海側から東の方を正面にして描かれている。マデバからすると文字を反対の側から読む形になるが、東をもって正面とする聖書の見方に従っている。マデバから聖都エルサレムまで、直線にしておよそ五十五キロメートルの距離であるが、涸《か》れ谷や主要道路を利用しての道のりは、それより遙かに長く遠かった。地図にあるような船を利用して死海の対岸に渡る旅人や巡礼者もいたかもしれない。

死海は海面から四百メートルも低い地点にある。エルサレムは標高八百メートルであるから、ヨルダン川東岸からやってきた旅人たちは、死海北端からユダ荒野を通って、一千二百メートルの坂をゆっくり上って行った。遙か遠方に、エルサレムの山々が見えてきたときは、今のように交通の便がよくなった時代においても感動を覚える。

都に上る歌という題詞のついた詩編一二一編は、エルサレム巡礼の歌の一つである。

目を上げて、わたしは山々を仰ぐ。
わたしの助けはどこから来るのか。
わたしの助けは来る
　天地を造られた主のもとから。
……
見よ、イスラエルを見守る方は
　まどろむことなく、眠ることもない。
主はあなたを見守る方
　あなたを覆う陰、あなたの右にいます方。
昼、太陽はあなたを撃つことがなく
夜、月もあなたを撃つことがない。

○もう一つの地図

オリーブ山と並んで、エルサレムの有名な丘の一つがスコパス山である。スコパス山の上には、現在、ハダサ病院、ヘブライ大学、聖アウグスタ病院などのきれいな建物がたっている。スコパスとは「展望」の意である。その名のとおり、スコパス山からは城壁に囲まれた旧市街を中心にエルサレム市全体を見渡すことができる。

また、反対側に目をやれば、広いユダ荒野の空間が広がり、空の晴れ渡った日、特に気温がまだ上昇しない朝であれば、遥か遠くに、日射しを受けて光る死海の水面が、そしてさらにその背後には、高いヨルダンの山並みをはっきり見ることができる。

エルサレムに着いた巡礼者は、この丘に登り、エルサレム独特のさわやかな風に吹かれながら、念願の聖地巡礼を成し遂げたことを感謝し、深い充足感に浸る。

しかし、聖地エルサレムへの巡礼を望んでも、必ずしもその夢がかなえられるとは限らない。かなえられない人の方が多いであろう。夢を心に抱いたまま生涯を終える。それもまた、豊かな人生である。夢を最後まで持ち続け、時が経つにつれ、夢は心の中で大きく育っていったのだから。

モーセは、ヨルダン川東岸より、はるかエルサレムの方を眺めるだけで、その地を踏むことのできなかった人々の一人である。エジプトを出てから四十年間、イスラエルの民を率いてシナイの荒野をさまよい、苦労を重ねて死海東岸を北上し、モアブの野に到着した。さあ、あとはヨルダン川を渡れば、目的の乳と蜜の流れる地カナンだ。

モーセは神に祈り、どうか、私にも渡って行かせ、ヨルダン川の向こうの良き地を、その美しい山地を見させてくださいと訴えたが、神はその訴えに応えなかった。神はモーセに言った、「お前には（これまでの体験で）十分なはずだ。このことについて、重ねて口にしてはならない。ピスガの頂きに登り、目を上げて西と北、南と東を望み、お前の目で見るがよい。お前は、このヨルダン川を渡って行けないのだから。そして、ヨシュアに命じ、彼を力づけ、彼を励ますがよい。この民の先頭に立って渡っていくのは彼であり、彼が、お前が見渡すその地に彼らに受け継がせるからである」（申命記三・二七〜二八）。

ピスガはマデバの北東八キロメートルの地点にある。晴れた日には、その頂からエルサレムの山を見ることができる。約束の地の方に目をやるモーセは、心の中で、それまで民と共に四十年にわたって歩き続けてきた一つ一つの場所のことを思い浮かべ、放浪の軌跡としての〝地図〟を描いていたにちがいない。目に見えないもう一つの地図は、ヨルダン川を渡り、カナンの地に入ってから完成するはずであった。

だが、その〝地図〟完成の任務は、伊能図の完成が忠敬の弟子たちの手に委ねられたように、若いヨシュアに託された。モーセは地図の完成を目にすることなく、百二十歳の生涯を閉じた。モーセはピスガの山とマデバのあるモアブの地の谷に葬られたが、今日に至るまで、彼の墓がどこにあるかを知る者はいない（申命記三四・六〜七）。

美しき水路

人を潤す人は自分をも潤す

○十七歳の夢——通潤橋《つうじゅんきょう》

植田《うえた》に一杯に張った水面の青空に白雲が浮かんでいる。苗の先が水の上に出ている田もある。青々とした日本の水田の風景ほど、見る者の目を休ませ心を和ませてくれるものはない。開発が進み、あちこちで緑が失われつつあるからますますそう感じるのか、貴重な宝のような風景である。瑞々《みずみず》しいとはまさにこのようなことを言うのだろう。飲み水にも事欠くパレスティナの人々にとっては、水をたっぷり使った稲作文化は、まことに贅沢きわまりない文化なのだ。

では、その贅沢な稲作文化の日本ならどこでも水に恵まれているのかといえば、そうではない。水田を耕すだけの水、いや飲み水も十分ではない地方がある。目の前に川があっても、簡単に水を引けないという悩みを抱えた場所も珍しくない。現在、豊かな田畑風景が見られるところも、かつてはそうでなかったかもしれない。

阿蘇外輪山の南西側すそ野の矢部郷にある白糸台地は、周囲を川にかこまれ、豊かな稲田も見られるが、昔からそうだったわけではない。ほんの百五十年前までは、水を運ぶために崖《がけ》の上り下りだけでも大変であった。飲み水も足りないのだから、田や畑も作れない。

対岸の川の水をなんとかこの白糸台地へ水を引くことが出来ないものか。たしかに谷は深く、険しい。しかし、布田保之助《ふたやすのすけ》にはある考えが思い浮かんだ——六キロメートル離れた笹原川《ささはらがわ》から水を引き、白糸台地を取り囲む谷に橋を架け、その上に水路を通して送水する。それは全く不可能なことではないのではないか。

保之助は矢部郷の惣庄屋《そうじょうや》の子として生まれた。彼は、石工の三五郎に会った。三五郎（後の岩永三五郎）は肥後の山奥（現熊本県砥用町《ともち》）に堅固な石橋、雄亀滝橋《おけだきばし》を完成させたばかりであった。雄亀滝橋は、長さ一五・五メートル、幅三・六メートル、高さ七・四メートル、全長十一キロメートルの灌漑用水路の途中の谷に架けた導水橋であった。保之助は三五郎に、将来自分が惣庄屋になったときには、ぜひ同じような導水橋を白糸台地の前の谷に架けて欲しいと頼んだ。一八一八年（文政元年）、三五郎が二十五歳、保之助十七歳

通潤橋（長さ 79.64m、高さ 21.43m）、1854 年完成

のときであった。その年、イギリス人ゴルドンが浦賀に来航、徳川幕府に貿易を求めた。日本は新たな時代を迎えようとしていた。

保之助は早くして父親を失い、苦労を重ねたが、人望厚く、三十二歳で惣庄屋となった。そして、彼が五十二歳になろうとしていたとき、永年の夢を実行に移す時が来た。導水橋の建設である。三五郎に夢を語ってから三十五年の月日が経っていた。

工事に当たったのは三五郎の甥にあたる丈八（後の橋本勘五郎）とその兄弟たちで、彼らは、霊台橋《れいたいきょう》（一八四七年、嘉永元年）や御船川眼鏡橋《みふねがわめがねばし》（一八四八年）を完成させた優秀な技術者集団であった。工事が開始されたのは一八五三年（嘉永六年）

十二月。アメリカのペリー提督が浦賀に来航した年である。

数々の技術上の難題を克服し、翌一八五四年七月二十九日、ついに全長七九・六四メートル　橋幅六・六五メートル、橋高二一・四三メートルの大きな導水橋が完成した。「易経」にある言葉、「澤山《さんか》下にあり、その気上に通ず、潤いは草木百物に及ぶ」から「通潤橋《つうじゅんきょう》」と名付けられた。橋の中央にはゴミ吐き出し口がついていて、必要に応じ放水できる仕組みになっている。実に美しい橋である。（＝右写真）

同年、ペリーが再来航し、日米間で和親条約が締結され、続いて、ロシア、イギリスとも締結された。日本に押し寄せる西欧の波はいよいよ高く激しく、徳川体制の終わりは時間の問題であった。国内では、安政大地震が起き（一八五五年、安政二年）、コレラが大流行した（一八五八年、安政五年）。米国通訳官ヒュースケンが三田で浪士に斬殺され（一八六〇年、万延元年）、高輪東禅寺《とうぜんじ》の英国公使館が二度にわたり、攘夷の浪士に襲われ、館員が死傷（一八六一年、六二年）。さらに、生麦村で英国人が殺傷される事件が起き（一八六二年、文久二年）、四年後の（一八六七年、慶応三年）明治維新へと至る。

布田保之助、村民、石工たちの努力と技術が一つになって生まれた通潤橋エピソードは、新しい日本の幕開けを前にした血なまぐさい動乱の時代にあって、知る人ぞ知る、政治的思想や立場を超えて人々の心に潤いを与えた水路である。

神の水路は水をたたえ、地は穀物を備え
……畝《うね》を潤し、土をならし（詩編六五・一〇～一一）

○古いパレスチナの導水橋

しかし、水との闘いの話といえば、聖書の世界がなんといっても古い。聖書が生まれたパレスティナの歴史は、まさに人々が水を得るためにいかに苦労したかを語る歴史であるといっても過言ではない。エルサレムやハツォルやメギドなどの高い丘の上に立てられた都市では、紀元前のかなり古い時期に、丘の麓にある泉から城内まで水を引く地下水路が造られた。硬い岩を砕いての工事には高度の技術と多大な労働力を要した。

もちろん、平地では、導水渠《どうすいきょ》を用いて泉の水を村や町に運ぶ方法が用いられた。死海の北のオアシス、エリコには、エリシャの泉の名で知られる大きな泉があり、その水を用水路で付近の畑に運ぶ光景は古代から変わらない。エリシャの泉という名前は、そこの水を飲む婦人たちがよく流産をするというので、預言者エリシャが塩で清めて良い水にしたという聖書のエピソード（列王記下二・一九～二二）に由来する。死海北西岸のワディ・クムランを見下ろす小高い丘で宗教的共同体生活を営もうとした人々は、クムラン西の山麓

クムランの導水渠、前３世紀〜紀元１世紀
（『死海文書大百科』東洋書林 2003 年）

からワディ・クムランに流れてくる雨水を導水渠を通して集め、共同体の大小の貯水槽に貯めた。（＝上写真）

クムランの人々が生きたローマ時代は、橋架建設の技術が飛躍的に発達し、帝国内各地に立派な石橋が建設された。泉の水を遠くの町まで運ぶ導水橋が各地に建設された。パレスティナにおいて特に有名なのは、地中海に面したカエサリアの導水橋である。カエサリアは、ヘロデ大王が、紀元前一世紀末、ヤッフォの北五〇キロメートル、それまでストラトンの塔と呼ばれていた小さな港町を拡大し、時のローマ皇帝アウグストゥスに敬意を表してカエサリアと名付けた巨大な港湾都市である。

この大都市の生活に毎日必要な水を供給するのが導水橋の仕事であった。導水橋は、海岸線に沿って北に十キロメートル続き、地表レベルに達したところで、さらに北に十キロ

カエサリアの導水橋、ローマ時代

メートル延び、カルメル山麓の水源に至る。（＝上写真）

エルサレムから三〇キロメートル東のエリコへ下る途中の谷は、ワディ・ケルトと呼ばれる。ワディ・ケルトは、より上手の谷ワディ・ファラの続きである。この険しい渓谷には三つの泉がある。アイン・ファラ（アインは泉の意）、その五キロメートル下手のアイン・ファワル、そしてさらに六・五キロメートル下ったところにあるアイン・ケルトである。伝承によれば、預言者エリヤが王アハブの前から逃れて身を隠し、烏《からす》が運んでくるパンと肉を食べ、谷の水を飲みながら時が来るのを待った「ケリテ川のほとり」（列王記上一七・三～六）はこのワディ・ケルトであった。

○旅するオリファント

ローマ時代、治世者たちは泉から湧き出た水をエリコ荒野に建てた宮殿に水を運ぶために、深い谷に導水橋を架け、断崖に沿って蛇行する長い導水渠を造った。導水橋や導水渠はその後の時代もそのまま使用された。古代の導水橋は今も高さ二二メートル（通潤橋のそれとほぼ同じ！）のところに残っている。（＝左写真）

私はこの場所を何度も訪れ、歩いたが、およそ一世紀前、一八八二～八五年にパレスティナに滞在したイギリス人ローレンス・オリファント（一八二九～一八八八年）の記録にあるワディ・ケルトの情景と少しも変わっていなかった。

オリファントは、実は、前述の第一次東禅寺事件（一八六一年）で水戸浪士の襲撃を受けて負傷した英国公使館員の一人だった。同公使館第一書記官として赴任したばかりのところを襲われた。やむなく帰国したが、受けた傷が尾を引き、外交官としてのキャリアは終わらざるを得なかった。議員となり、著作で才能を発揮した。彼はキリスト教徒であったが、パレスティナに住むユダヤ人やロシアでの迫害から逃れパレスティナにやって来るユダヤ人の福祉や定住を援助するために尽力したことで知られている。その彼の助手として働いたのが、ロシアはガリチア生

ワディ・ケルトの導水橋、ローマ時代

まれのユダヤ人ナフタリ・ヘルツ・インベル（一八五六～一九〇九年）で、彼が書いた詩「希望」から後のイスラエル国歌は生まれた。オリファントとその体験は、ワディ・ケルトの導水橋と保之助たちの通潤橋を結ぶ歴史の橋でもあった。

ワディ・ケルトの導水橋を渡り、水路に沿って歩き続けると、やがて左手の絶壁中腹にへばりつくようにして建てられた聖ジョージ修道院に辿り着く。紀元四四〇年、上エジプトのコジバのヨハネがワディ・ケルトにやって来て洞穴に籠もったのがこの修道院の歴史の始まりである。修道院が最も盛んだったのは六世紀末、コジバ出の聖ジョージの時代であり、非常に多くの修行僧が来て、谷のあちこちの洞穴に籠もって修行した。そこから聖ジョージ修道院と呼ばれるようになった。

修道院の下方地点でワディ・ケルトは終わり、広大なエリコ平原が展開する。アイン・ケルトから聖ジョージ修道院、そして修道院の中を見学したあと、谷へ下り、さらに大オアシスエリコまで歩く――これは、最高のハイキングコースである。道中がどんなに暑くつらくとも、エリコに着けば、大いなる楽しみが待っている。美味しいオレンジやグレープフルーツを売るだけでなく、その場で絞って飲ませてくれる店があるからである。

人を潤す人は自分をも潤す。（箴言一一・二五）

シロアの流れ

石工たちが仲間たちの方に向かって斧を振るっていたとき
貫通までまだ三キュービットあったが
相手を呼ぶ人の声が聞こえた

○エルサレムの丘と水

発電所のトラブルで暑い夏の電力不足におびえる大都会、現代のわれわれの生活が潜在的に抱えている不安は大きい。電力と同じく、あるいはそれ以上にわれわれが恐れるのは水不足である。しかも、今や、水があっても、汚染されているために飲めないという悲劇をわれわれは自分たちで生みだしているのであるから、問題は深刻である。かつて山紫水明の国といわれた日本の住民が、ペットボトルに入った水を買って飲んでいる。もしもこの風景を一昔前の日本人が見たらさぞかし驚くことであろう。

水不足といえば、国土の大半を砂漠が占めるイスラエルは、古来、人も家畜も、旱魃《かんばつ》に

オリーブ山から見たエルサレムのパノラマ写真（左頁に続く）

悩まされ、水を求めて苦闘してきた。川や泉などの水源に恵まれず、雨の一滴も降らない乾季が半年以上続く。当然、人々は数少ない泉のある場所に町を建て、そこに住み続けてきた。ローマ時代になると、導水橋や導水渠《きょ》を使って遠くの泉から水を運ぶことも行なわれたが、それ以前は、泉や井戸の近くに住むしかなかった。エルサレムの場合もそうである。

エルサレムの町は最初、現在の旧市街南壁の外、東のオリーブ山およびその麓を死海に向かって下るキドロン谷に沿ってある小さな丘にあった。町が北に向かって広がったのは、ダビデの息子ソロモンの治世になってから（前十世紀半ば）である。エルサレムに住む人々の生活を長い間支えてきたのは、その小さな丘の東南端にあるギホンの泉である。

「ギホン」は伝説のエデンの園を流れていた四本の川の名前の一つでもある（創世記二・一三）。それは

中央下部の斜面下あたりにギホンの泉がある

「湧き出るもの」の意で、おそらく、水がギホン、ギホン、ごぼ、ごぼ、と豊かに湧き出る音をまねた擬音語であろう。事実、ギホンは間歇泉《かんけつせん》で、季節により異なるが、一日に一～五回、三〇分から四〇分の湧出が続く。

湧きいづる泉の水の盛りあがり
くづるとすれやなほ盛りあがる （窪田空穂《くぼたうつぼ》）

ギホンはイスラエルが大きな旱魃《かんばつ》に襲われたときも涸《か》れることなく、住民に水を提供してきた、文字どおりエルサレムの命綱であった。

○危機に備えて

しかし、旱魃や飢饉が起きなくても、エルサレムの「命綱」が危機にさらされることがあった。町が外敵に攻囲され、大事な水源を抑えられる、すなわち水攻めにあったときである。一年中降水の可能性がある日本での戦闘でも、山城などの攻略に水攻めはしばしば効力を発揮した。中東世界の戦闘は、大地が泥沼と化し馬や戦車の動きが止められる雨季を避け、乾季に入ってから始められる。降水は当分期待できないため、水攻めに遭ったときの状況は一層深刻である。パレスティナの主要な町は皆、高い山や丘の上に建てられた。敵の攻撃を防ぐには有効であるが、山麓にある水源は防壁の外側、あるいは少なくとも攻撃してくる敵の陣営に最も近い位置にある。敵も最初にそこを攻め取ろうとする。

町を守る者たちが、水源の確保と防衛に全知全力を注いだのは、当然である。こうして彼らが考えついたのが、地下トンネルを掘って、泉の水を城内に造った池まで運ぶ方法である。人々が池まで降りていく階段も造らなければならないので、大変な工事である。そうした古代の人々の努力によって生まれた水道トンネルは、イスラエル北部のメギドやハツォル、そしてエルサレムに残っている。

メギドやハツォルの水道トンネルの存在は考古学的発掘によりはじめて明らかにされたのであるが、エルサレムのギホンの泉とトンネルは、度重なる戦争による町の破壊にも関わらず、完全に地中に埋められるということは一度もなかった。

○ヒゼキヤのトンネル

ギホンの泉の水は地下の水路を通って、城内のシロア池（シロアム池とも呼ばれる）へと流れ込む。シロアは「送られるもの」（すなわち貯水池あるいは水路）の意である。直線距離は三二〇メートルであるが、S字型をしているので、全長五三三メートルにもなる長い水路である。トンネルの高さは大体二・四メートルから三メートル、幅は非常に狭く、人が一人やっと通れるくらいである。

泉と池の間の落差はわずか三十センチしかない。このため、泉の水は、静かに、その動きをだれからもさとられることなく流れる。静かなシロアの流れである。預言者イザヤは神ヤハウェをその静かなシロアの流れの水にたとえた（イザヤ書八・六）。

トンネルは現代の専門家たちも驚くほど高度な技術を用いて造られた。一体、だれがこの水道トンネルを造ったのだろうか。

この素朴な質問に対し、聖書にある記事は、イザヤと同時代のユダの王ヒゼキヤが命じて造らせたことを教えてくれる。「彼は貯水池と水道を造って都に水を引いた」（列王記下二〇・二〇）。ヒゼキヤが水道建設の大工事を決意した一番の理由は、迫り来るアッシリアの脅威に備えるためであったようだ。

事実、前七〇一年、アッシリアのセンナケリブ王は大軍を率いてユダに攻め込んだ。ヒゼキヤは、「センナケリブが来て、エルサレムに対し戦いを仕掛けようとしているのを見ると、彼の高官たちや勇士たちと協議して、町の外にある水を塞《せ》き止めようとした。彼らは王を支持した。彼らは大勢の民を集め、すべての泉とその地を豊かに流れる谷川を塞き止めてこう言った、『アッシリアの王たちがやって来て、豊富な水を見いだしてよいだろうか』」（歴代誌下三二・二～四、三〇）。

「すべての泉」というのは、ギホンの泉だけでなく、さらにそこから東に下ったキドロン谷にあるエン・ロゲルの泉なども塞《ふさ》いだことを意味するのであろう。いずれにせよ、ヒゼキヤ王が命じて造らせたことから、地下水路は今日「ヒゼキヤのトンネル」とも呼ばれる。

しかし、聖書以外にもヒゼキヤのトンネルに関する同時代の証言がある。

○ある労働者の声――シロアム碑文

一八八〇年、水道トンネルの中に入って遊んでいた少年たちが、入り口から少し奥へ入ったところの岩壁に刻まれていたヘブライ語の碑文を発見した。有名なシロアム（シロア）碑文である。

そこには、水路に関し聖書に記されていないことが記されていた。聖書の記事は王の業

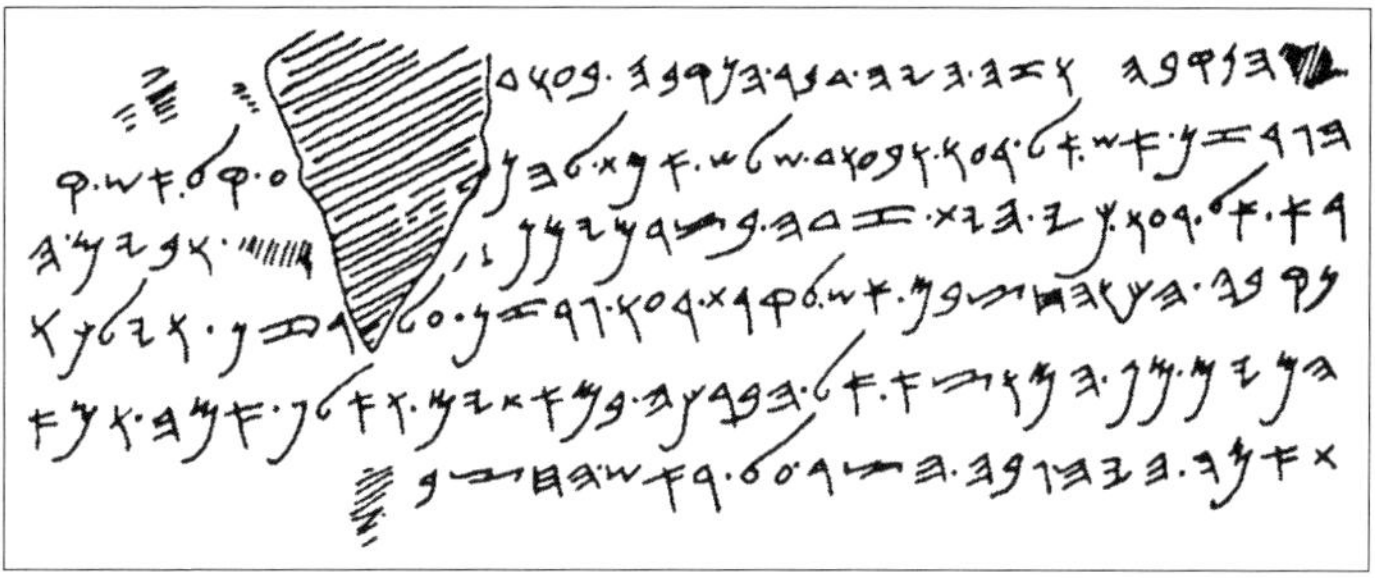

シロアム（シロア）碑文（55×66 ㎝）。エルサレムのヒゼキヤの水道トンネル内の岩壁に刻まれていた。1880 年発見。

績としてのトンネル工事について語るが、シロアム碑文は実際に工事に携わった人間の声を伝える。

トンネル建設を命じた発注者の声ではなく、工事請負人の声である。国にはアッシリアの攻撃という暗雲がたちこめ、王も国民も非常な不安に陥っていたとき、おそらく言い渡されたのであったろう。期日に間に合わせるために非常に厳しい工事を強いられたはずである。急いだ分だけ、工事に伴う危険も多かったはずである。泉と池の両方の側から目に見えない同僚の石工たちに向かって鉄斧を振るう。設計担当者の指示を信じながらの作業であるが、うまく仲間たちと出会うことができるのか、同僚の顔を見るのはいつなのか、労働者たちの胸のうちにも、坑内にも緊張が強く漂っていたであろう。

しかし、そうした不安を一気に吹き飛ばす時がやってくる。岩の反対側から人の声が聞こえ、それに応答して力を込めて斧を打ち叩くと、最後の岩は割れ、同僚の顔が見えた。ついにやった。感動の瞬間である。

トンネル貫通！　トンネル貫通の次第は以下のとおりであった。

石工たちが［岩の向こうにいる］仲間たちの方に向かって斧を振る［って］いたとき、貫通までまだ三キュービット（一・三メートル）あったが、相手を呼ぶ人の声が聞こ［えた］。壁に亀裂が、南から［北に向けて］走っていたからであった。

そして、貫通の日、石工たちは仲間と出会うために斧を振るった。一打、また一打……こうして水は、泉から池まで一二〇〇キュービット（五三三メートル）の路を流れていった。石工たちの頭上の岩の厚さは一〇〇キュービット（四四・四メートル）あった。

○シロアの流れのように

碑文は入り口から六メートルも奥に入ったところに刻まれていて、灯りがなければ見えないし読めない。明らかに一般に見せるために刻んだものではない。刻んだ人の名前は刻まれていないから、王や高官が自分の権力を誇示するために掘らせたものではないことは明らかである。

すると、だれがこれを刻んだのか。

碑文は簡潔であるが、美しいヘブライ文字で刻まれている。おそらく、現場の工事責任者が、仲間の労働者たちの苦労と共に、難工事完成の感動と喜びと誇りとをなんとか後世に伝えたいという強い思いから、外の光が届かない場所に、秘かに刻んだのではなかったか。

トンネル内にそのようなものが刻まれたとは、ヒゼキヤ王も王の高官たちも、そして、多分、預言者イザヤも全く知らなかったであろう。

碑文は刻まれてから二五〇〇年後に初めて、人々の目に触れたのである。トンネルは暗いところにあって自分の姿を人には見せない。同じように、そのトンネルを完成させた人々の努力や苦闘の様子も外には見えない。シロアム碑文は古代における隠れた「現場の声」を伝える貴重な宝である。

ヒゼキヤの水道。中は真っ暗だが、ローソクの灯りをもとに、今でもトンネル内部を歩くことができる。

そのようなことを考えていたとき、新聞の投書欄で目にとまったある記事を思い出した。それは、かつて奥羽本線や田沢湖線などのトンネル工事に関わった経験のある堀田和久さんという方が寄せたものである。

「当時、新しい技術に関する検討や設計変更などの打ち合わせは深夜におよぶこともしばしばだった。地質の変化や湧水対策に現場の苦労は並大抵ではなく、滝のような出水の中で掘削を続けたこともあった。そんな中では、発注側も請負側もなかった。寝食を忘れ、長靴もカッパの中も水浸しになりながら、坑内から出てくる時のみんなの顔ははれやかだった。

佐藤工業の更正法申請のニュースを聞いた夜、私は眠れなかった。工事現場で寝食を共にした友人たちが今後どうなってしまうのだろうかと気になったからだ。トンネル貫通の発破の音と、『万歳』の歓声が私の体を走り、苦労を共にした友の顔が浮かんで消えなかった」(読売新聞二〇〇二年三月六日)

トンネル工事を完成し終えた労働者たちの深い感動と満足感と誇りが、古代から、また現代から、イスラエルから、日本から伝わってくる。シロアの流れのように静かに、強く。

碑文はもとの場所から切り離されて、現在、イスタンブルの考古学博物館に展示されている。

夢は海に

行け　わが子オニヤフ　真の船乗りらしく
人生の荒波を越えてたくましく

○名は「漁師らしく」

鮪《まぐろ》船　舸《か》子《こ》生国を　名に呼ばれ　（筋《すじ》師《し》らしく）

舸《か》子《こ》とは船乗りのこと。何カ月も沖に行って帰って来た鮪《まぐろ》船の乗組員たちが互いに相手の生まれた土地の名前で呼んでいる。紀州の太地《たいじ》に生まれた医師、筋《すじ》師《し》清さんの作である。活気に満ちた港と威勢のいい漁師たちの動きが目に浮かぶようで、私はこの歌が好きである。

筋師という姓は鯨の筋や骨の加工に従事した師の家系であることを示している。太地の町はかつて捕鯨が盛んだった町であり、他には「海野」、「漁野」、「背古」、「浦」、「網野」など海や漁に関係する姓が多いそうだ（句集『黒潮』）。

また俳号の「筋師らしく」がなかなかいい。人それぞれ与えられた分と責任をもって、男は男らしく、女は女らしく、漁師は漁師らしく、職人は職人らしく、医者は医者らしく生きよう、生きたいということであろう。

それで思い出すのはイスラエルの知人の名前ダヤギ「漁師らしく」である。ダヤギはダヤグ「漁師」に由来する。聖書では「漁師たちは悲しみ、ナイル川で釣りをする人たちもみな嘆き、その水面《みなも》に網を打つ者たちもまた打ち萎《しお》れる」という形で使われている（イザヤ書一九・八）。これはナイルで漁をするエジプト人の漁師のことである。

しかし、イスラエル人の名前としては非常に珍しい名前である。あるとき、そのことをダヤギさんに尋ねたところ、「そうです。海や漁に憧れていた父はヨーロッパからイスラエルに移住したとき、それまでの名前を変えてダヤギにしたのです」という返事がかえってきた。彼女の父親はついに漁師にはなれなかったが、それでも名を変えることで広い海を相手に生きる漁師のように大きな気持ちをもってイスラエルの建国に情熱を燃やしたのであった。

○イスラエル人と海

モーセの後継者ヨシュアの父ヌンの原意は「魚」である。ナイル川は魚の宝庫であり、エジプト時代のイスラエルの民はよく魚を食べた（民数記一一・五）から、こういう名前があっても不思議ではない。だがこれはあくまでも例外であって、他に魚や漁に関係した名前は聖書には出てこない。そもそも旧約聖書はイスラエル人と漁や船とを結びつける記述そのものが非常に少ない。魚の名前は一つも出てこない。エジプトを出たイスラエルの民が後に定着したカナンの地の西側は海に面しているのに、どうしてか。理由は、海岸地帯の北の大部分はフェニキア人の影響下にあったし、南はペリシテ人が支配していたからである。

それだからといって、イスラエル人が海に出て行く機会が全くなかったということではない。デボラの歌の詩人はカナン人との戦闘に参加しなかった同胞の部族を非難して言った、

ダンはどうして船に乗ったままなのか。
アシェルは、海辺に座し、
その波打ち際に留まった。　（士師記五・一七）

ダンやアシェルは現在のイスラエル北部のハイファやアッコ沖で漁をしていたのであろう。フェニキア人の船主に雇われたかもしれない。

地中海がだめでも南の紅海があるではないか。ここならどこからも妨害される心配はない。よし、この紅海を舞台に商売して利益をあげようではないか。そう思ったのがソロモン王。だが、そうは言ってもイスラエルには大型の商船はないし、それを操縦する船乗りもいない。そこでソロモンはフェニキアのツロの王ヒラムと条約を結び、造船とその航海についての協力をあおぐことにした。

○ソロモンの船、紅海を行く

ソロモン王は、エドムの地の葦の海の岸辺にあるエイラートに近いエツヨン・ゲベルで船団を編成した。ヒラムは、自分の家来で海をよく知っている船乗りたちを送って、ソロモンの家来たちと一緒にその船団に乗り込ませた。彼らはオフィルに行き、そこから金四百二十キカルを手に入れ、ソロモンのもとに運んで来た。

（列王記上九・二六～二八）

エツヨン・ゲベル

エツヨン・ゲベルはおそらく今日のエイラート港の南六十五キロメートルの美しい海に浮かぶ島ジェジラト・ファラウン（「ファラオの島」）。オフィルはエジプト人が古くからプントと呼んだスーダン南東部、ナイル川上流地域を指すと思われる。その後ソロモンは自分だけの船団を持つようになり、それをタルシシュ船団と名付けた。

海には、王のタルシシュ船団がヒラムの船団と並んでいた。タルシシュ船団は、三年に一度、金、銀、象牙、猿、ひひを積んで入港した。（列王記上一〇・二二）

しかし、ソロモンは国際交易で大量の収

益をあげても支出はそれをはるかに超えた。そのため国民に重い税を課さなければならなくなり、次第に国民の不満が高まり、ソロモンが死ぬと同時に王国は分裂した。

○夢よ、もう一度

それからおよそ七十年経た前九世紀半ば、南王国ユダの王ヨシャファトは、ソロモン時代の栄光をもう一度取り戻そうと、紅海交易の再開を決意し、数隻の船を造った。その名もタルシシュ船。だが、この船団は不幸にもエツヨン・ゲベル沖で難破して結局オフィルへ行くことができなかった（列王記上二二・四八〜五〇）。

このとき北王国イスラエルのアハズヤ王が「私の家来たちを、あなたの家来たちと一緒に船に乗り込ませましょう」と協力を申し出たが、ヨシャファトは断った。つまり、ヨシャファトは自分たちだけで船を造って出かけようとしたのである。

アハズヤにいわせれば、南王国には熟練の船乗りがいなかったから失敗したのである。それに対し北王国は、フェニキアとの深い関係がずっと続いており、アハズヤの母親は有名なイゼベルでフェニキア人の王の娘であった。いつでも優秀なフェニキア人の船乗りを派遣することができたのである。しかし、ヨシャファトはあくまでも北の手を借りないでタルシシュ船団の紅海交易の復活を夢見ていた。

ただし、これは列王記に記された記事に基づく理解であって、歴代誌にはそれとは違う記事が見られる。歴代誌によれば、ヨシャファトは北と共同で事業を行なおうとしたのである。「彼はアハズヤと一緒になって、タルシシュ行きの船を造った。彼らはエツヨン・ゲベルで船団を造った」。そして、そのために、つまりフェニキアの強い影響を受けてイスラエルの心を失った北王国などと手を組んだ罰として、神はヨシャファトの船を難破させたのである。少なくとも時の預言者エリエゼルの解釈によればそうであった、と歴代誌は記す（歴代誌下二〇・三五〜三七）。

○ヴァスコ・ダ・ガマより遥か前に

さらにもう一つ、列王記と歴代誌の違いを挙げれば、前者がヨシャファトのタルシシュ船団の目的地をオフィルとしているのに対し、後者はタルシシュとしている。タルシシュは地中海西端のスペインの港町を指すと思われる。歴代誌の理解では、ヨシャファトの船は、もし難破しなければ、オフィルの後さらに南下してアフリカ大陸を周航してスペインにまで行こうとしたことになる。しかし、はたしてこの時代の船にそのような大航海ができたのだろうか。歴代誌が編纂された前五世紀後半から四世紀前半にかけての時代にはすでに可能であった。

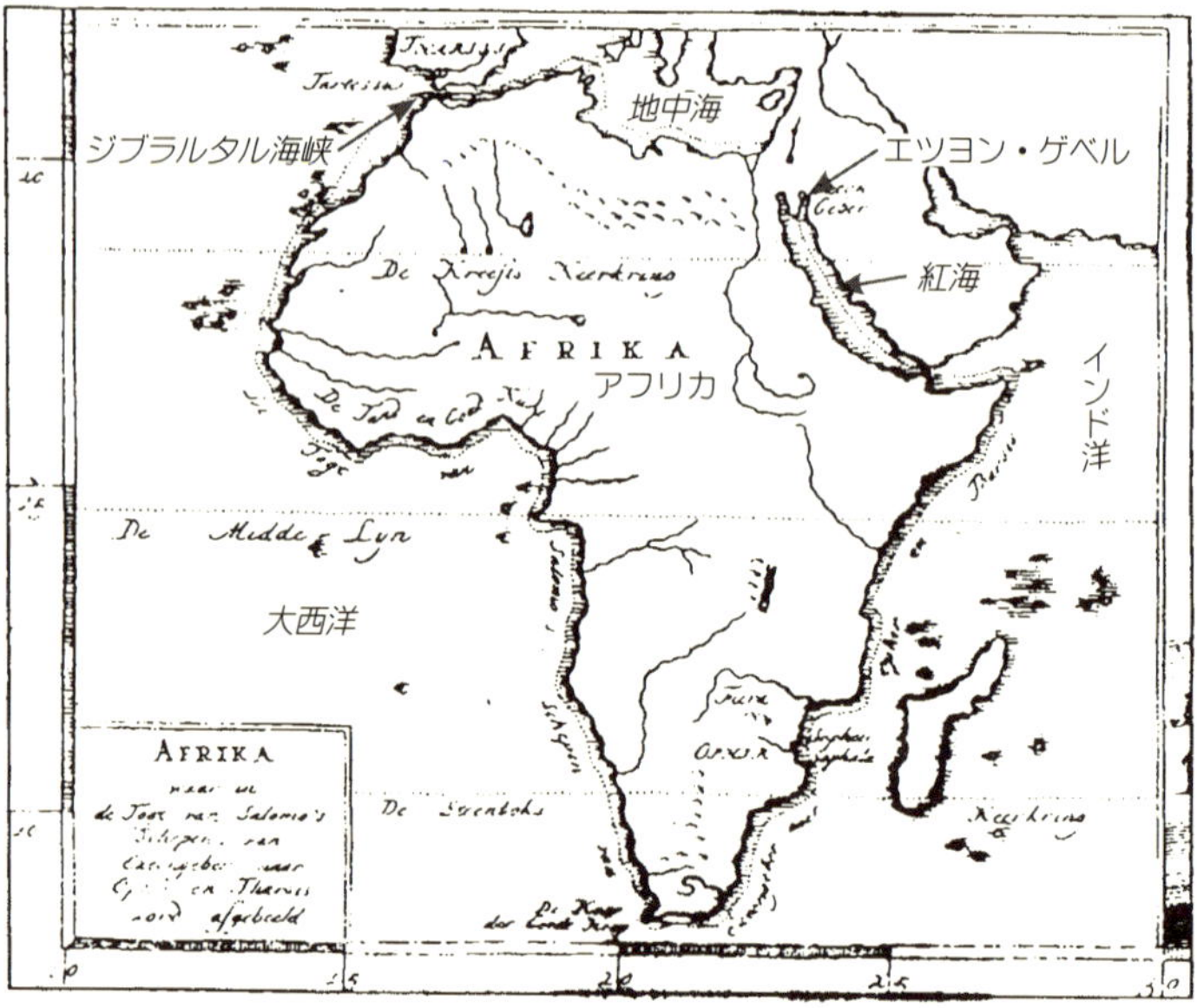

アフリカ大陸。1764 年のオランダ製地図より。すでに前 7 世紀末にはエツヨン・ゲベルの港から、アフリカ大陸を一周する航海を行なっていた。

事実、ギリシアの歴史家ヘロドトスによれば、すでにファラオ・ネコ二世の時代（前六〇九〜五九五年）、フェニキア人はアフリカ大陸を一周する航海術を持っていた。

「フェニキア人たちは紅海から出発して南の海［インド洋］を航海していった。そして秋になれば、ちょうどその時航行していたリビア［エジプトに続いて広がる地すなわちアフリカ大陸］の地点に接岸して穀物の種子を蒔き、刈り入れの時まで待機したのである。そして穀物を採り入れると船を出すというふうにして二年を経、三年目にヘラクレスの柱［ジブラルタル海峡］を迂回してエジプトに帰着したのであった。そして彼らは——余人は知らず私には信じ難いことであるが——リビアを周航中、いつも太陽は右手にあった、と報告したのであった」（『歴史』（松平千秋訳）Ⅳ42）。ヴァスコ・ダ・ガマによる喜望峰の発見（一四九八年）の遥か前のことである。

ソロモンのタルシシュ船団も「三年に一度」荷を積んで入港したとある（列王記上一〇・二二）。ファラオ・ネコ二世の時代のフェニキア人のように、ソロモンの船乗りたちはエツヨン・ゲベルの港を出て、オフィルの品を積んでからさらに航行を続け、アフリカを周航してジブラルタル海峡を通過して地中海に入り、タルシシュに寄港した後、ヤッフォの北のテル・カシーレの港に着いたのであったか。テル・カシーレ遺跡からは「ベト・ホロンの［宮］のためにオフィルの金三〇シェケル」と記したオストラコン（土器片）が発見されている。

いずれにせよ、ヨシャファトの折角の船は難破し、その夢は消えた。

○父の夢、母の祈り

しかし、ヨシャファトの夢は消えても、大航海に憧れるユダ王国の人々の夢が全く消えてしまったわけではなかったことを、最近エルサレム・ヘブライ大学のナフマン・アヴィガド教授により公表された前八～七世紀頃のヘブライ語印章が豊かに語っている。

暗灰色の硬い卵形石（長さ一八ミリ、幅一五ミリ）の印章には「メラブの息子オニヤフ」の名が二段にわたり刻まれている。何よりも注目したいのは名前の上に見事に彫り刻まれた航海中の船である。船の中央に立つ一本マストを静索《せいさく》が前後から支え、帆桁《ほげた》に大きな四角帆が張られ、船尾には舵取り用オールがついている。帆の力だけで走る遠海用の船である。船首を飾る船首像はおそらく馬であろう。

オニヤフは「ヤハウェはわが力」とも訳せるが、この場合は船のデザインから「ヤハウェはわが船」の意に解する方が適切であると考えられる。メラブは女性名である。イスラエル初代の王サウルの長女の名もメラブであった。オニヤフは母親の姓を名乗ったのであり、これはダビデの姉妹ツェルヤの三人の息子の場合と同じである（サムエル記下二・一八）。

ヘブライ語で書かれた「メラブの息子オニヤフ」の印章。右から左に「オニヤフ・ベン・メラブ」と読む。

息子にオニヤフという名前を付けたのは母メラブであったか。古代イスラエルでは母親が生まれた子供に名前を付けることが多かった。彼女の先祖はかつてユダの王の船に乗っていたのかもしれない。あるいは彼女の夫がその血筋を引く者であったか。いずれにせよ、イスラエルの大航海の時代は終わってもそれへの郷愁を強く抱く親が付けた名前であることは明らかである。

タルシシュ船に再び乗る夢がもはやかなわぬとあれば、せめて気持ちだけでも船乗りの血を引く者らしく心を大きく持ち堂々と生きていって欲しい。タルシシュ船はなくとも、われらにはそれ以上に素晴らしい船がある。その名はヤハウェ。このヤハウェ船に乗っている限りは決して難破することはないであろう。行け、わが子オニヤフ、真の船乗りらしく、人生の荒波を越えてたくましく。印章は語る、海に対する父の夢を、子に対する母の祈りを。

船乗りの一浜留守ぞ罌粟《けし》の花　（去来）

ヨナの朝顔

蕣《あさがお》に　傘《からかさ》かして　いくほどぞ

○モーニング・グローリー

朝顔の咲く見て今日も過すなり　（成美《せいび》）

朝から強い日射しが照りつける夏の道を歩くのは、汗が吹き出て楽ではないが、そんなとき、人家の垣根に見つけた朝顔の姿はいかにも涼しげである。人間にはとても直視できない強烈な日射しも、我慢ならない暑さも、朝顔はやわらかく優しく受け止め、花びらには涼風がただよう。朝顔は午前四時半頃、日の出とともに咲き始める。咲き始めてから三〇分以内で開ききるので、早起きの散歩は三文の徳というわけである。

朝顔は、熱帯アジアの原産で、日本には奈良時代に中国から牽牛子《けんごし》の名で、薬草として渡来した。渡来当初の朝顔の花色は、淡青一色の小輪咲きだった。その後、さまざまな改良が加えられ、特に江戸後期には園芸植物として人々の人気を集めたようだ。

カマン・カレホユック遺跡（トルコ）の発掘現場。深く掘ったところの土は、クレーンを使って遺跡丘の外に運び出す。

その名のとおり、朝顔は、早朝咲き始め、昼までにしぼむ。しかし、人間も環境が変われば生き方を変え、新しい環境に適応しようと努力する。植物も同じである。（財）中近東文化センター（東京三鷹市）は、一九八〇年代半ばから今日まで、トルコ中央部、アンカラの南東一〇〇キロメートルの地点にあるカマン・カレホユック遺跡の発掘調査を続けている。遺跡はアナトリア高原の一部に位置し、夏は、イスラエルのユダ地方のように、乾燥が非常に激しく、暑い。反対に、冬の間は雪に覆われ、気温は、時には零下二〇度近くまで下がる寒さである。冬と夏の寒暖の差はまことに極端である。

　この地に日本の樹木を植えたらどうなるだろうか。中近東文化センターは、キャンプ地裏の山斜面を利用して日本風庭園を造り、地元の人々の憩いの場所にしようと計画を立てた。庭園を造るにあたり、一番の問題は、一体、日本のどの樹木が厳しいアナトリアの気候に合うか、耐えられるか、であった。専門家たちは、さまざまな種類の苗木を日本から取り寄せて実験した。その結果、桜と紅葉《もみじ》はアナトリアの気候に耐える強さをもっていることがわかった。こうして、数年をかけて庭園は完成し、春には桜が咲き誇り、秋には燃えるような紅葉《こうよう》を楽しむために、多くの人々がそこを訪れるまでになった。

角材の柱に巻き付く朝顔。カマン・カレホユック遺跡発掘キャンプにて。

　庭園の樹木とは別に、隊員の一人が日本からもって行った朝顔の種をキャンプの敷地内に植えてみたところ、見事に咲いた。そればかりか、年を越えると、朝顔はさらにたくましくなり、午後になっても咲き続けるようになった。朝顔に昼顔の力が加わったかのようだ。もっとも、朝顔は、もともとヒルガオ科アサガオ属の植物だから、昼過ぎてなお咲いていてもおかしくないのかもしれない。いずれにせよ、一キロメートル離れた発掘現場からくたくたになってキャンプに戻ってきた隊員たちは、日本から渡来し見事アナトリアの地に慣れた瑞々しい花に大いに慰めらるのである。日射しが強い分、花色も一段と濃い。

朝顔の英語名はモーニング・グローリー「朝の輝き」。力強さを感じさせる名前である。イスラエルでも、ハバルバルやレフフィートなど朝顔や昼顔の仲間が、地中海に面したシャロン平野からカルメル山にかけての砂地に多く咲く。荒れ地に咲く姿はたくましいが、生きとし生けるものすべての存在のはかなさを思い起こさせる、可憐な花である。中世の日本でも、朝顔ははかなさの象徴と見なされた。

世の中を何にたとへむ夕露も
待たで消えぬる朝《あさ》顔《がほ》の花　（源順《みなもとのしたごう》）

朝顔《あさがほ》を何はかなしと思ひけむ
人をも花はさこそ見るらめ（藤原道信《みちのぶ》）

この世を何にたとえたらよいだろうか。それは、夕方に露がおりるのも待たずにしぼんでしまう朝顔の花のはかなさにたとえられるだろう。また、朝顔の花を、どうしてはかないなどと思ったのだろうか。花だって、人のことをはかないものと思ってみることだろうの意である。これらの歌を、詩編の言葉に言い換えると、

あなたは眠りの中に人を漂わせ
朝が来れば、人は草のように移ろいます。
朝が来れば花を咲かせ、やがて移ろい
夕べにはしおれ、枯れていきます。（詩編九〇・五～六）

しかし、たとえ短い人生でも、いや、短い人生だからこそ、朝日の輝きと明るさ、朝顔の優しさと潤いを心にもって生きたいものだ。

神への畏れをもって［自分を］治める者は、
日が上る朝、雲一つない朝の光のよう。
雨のあとの大地の若草を輝き照らす。　（サムエル記下二三・三〜四）

○ヨナの朝顔

聖書の詩人や預言者たちがはかない命のたとえとしてイメージした草花の中には、当然、朝顔の仲間たちも含まれていただろうが、そのようなものとして聖書が具体的に名前を挙げているのは、唐ごまである。

唐ごまは、熱帯東アフリカ原産の植物。日本には紀元九世紀頃、中国から渡来。高さ一〜三メートル。上記の牽牛子《けんごし》（朝顔）の場合と同様、薬草として、蓖麻《ひま》の名で中国から渡来。その種子を絞った蓖麻子《ひまし》油は特に下剤に用いられた。茎葉や果実まで赤いものは切り花として好まれるようになった。

しかし、日本では冬に枯れ、一年草とされているが、熱帯地方では高さ六メートル、場合によっては一〇メートルを越える多年草である。その唐ごま（ヘブライ語でキカヨン）が、どうして、聖書でははかなさと結びつけられているのか。その理由は、ヨナ書に記されている。

預言者ヨナは、アッシリアの都ニネベに行き、多くの悪のゆえに町が滅ばされようとしていることを住民に告げるよう、神に命じられた。ヨナは命令に従わず、ニネベとは反対方向の地中海のタルシシュへ逃れようとした。ヤッフォの港から船に乗り出航したまではよかったが、まもなく暴風が吹き荒れ、船は沈没しそうになった。突然の天候の変化に驚いた船乗りたちは、暴風はきっと誰かが犯した罪を罰するために、天の神が起こしたに違いない、と思った。

犯人は私です。私が天の神の命令に従わなかったからです。ヨナは事情を説明して謝り、神の怒りを鎮めるために自分を海に投げ込んで欲しいと、船乗りたちに頼んだ。船乗りたちは一瞬躊躇したが背に腹はかえられずヨナを海に投げ込んだ。すると、不思議、嵐はほんとうに鎮まった。一方、ヨナは大きな魚に呑み込まれ、三日三晩その腹の中で過ごし、その間、彼は自分の行動を神に詫び、反省した。

魚の中から救い出されたヨナは、ニネベに行った。ニネベはティグリス河左岸、現在のモスールの対岸にあり、周囲を行き巡るのに三日を要する大きな町であった。ヨナは住民たちに、あと四十日したらこの町は滅びる、と告げた。すると、住民たちは皆、ヨナの預言を信じ、断食し、粗布を身にまとって、改悛の意を表した。ニネベの王も王座から立ち上がり、王衣を脱ぎ、灰の上に座った。王は、布告を出し、おのおの神に祈り、悪の道から立ち直るように命じた。それを見て、神はニネベに下すと宣言した災いを思い直し、実行しなかった。

さあ、それで怒ったのはヨナだ。彼は神に喰ってかかった。

「ああ、神よ、私がまだ国にいたときに言ったのは、まさにこのことではありませんか。そうです。私は、あなたが、情け深く、憐れみに富む神で、怒るに遅く、慈しみに溢れ、災いを思い直される方であることを知っています。だから、わざわざニネベまで行かなくても、ちゃんと良いように取りはからってくださるはずだと確信していました。だから、私はわざと、タルシシュの方へ逃げようとしたのです。

主よ、今どうか私の命を私から取り去ってください。私は生きているより、死んだ方がましです」

「あなたが怒りに燃えるのは正しいことだろうか」

ヨナは神の問いに返事せず、町の外に出たところに仮小屋を建てると、そこに座って、町に何か起こるのを見ようとした。神は一本の唐ごまの木を備えた。その木陰は快適で、ヨナは非常に嬉しかった。ところが、翌朝、ヨナが起きてみると、大事な唐ごまの木は虫に喰われて枯れてしまっていた。

太陽が昇り、灼熱の東風が吹いた。ヨナは暑さのために弱り果て、神に願って言った、

「私は生きているよりも、死んだ方がましです」
「あなたは唐ごまのことで怒るが、それは正しいことか」
「私が死ぬほど怒りに燃えるのは正しいことです」

するると、神は言った、

「あなたは、自分で苦労することもなく育てることもなかったのに、一夜にして生え、一夜にして失せた唐ごまの木さえ惜しんでいる。それならば、どうしてわたしが、この大いなる都ニネベを惜しまずにいられるだろうか。そこには十二万人以上の右も左もわからない人と、数多の家畜がいるではないか」

ここから、唐ごまは、はかなさを表す語となった。いわば、ヨナの朝顔である。

○日傘を貸して

しかし、ヨナの朝顔、すなわち唐ごまがはかなくも一夜で枯れたのは、唐ごま自身のせいではなく、虫に喰われたからである。そして、物語のポイントは枯れた唐ごまにはなく、ヨナの専恣《せんし》、身勝手さにある。事実、ヨナは、唐ごまが干からび、灼熱の太陽が彼の頭に照りつけたので弱り果て、怒って、死にたいなどと言っているが、強い日射しを避けるだけなら、唐ごまが生える前に自分で日除け用に建てた仮小屋の中に入ればよかったのである。それをしないで、勝手に、もう頭にくる、死んだ方がましだと喚《わめ》きたてるのは、御門違いというもの。八手《やつで》の葉に似た、唐ごまの大きな葉にまぶしく照り返す強い日射しに幻惑されたのか、まさに八つ当たり以外のなにものでもない。

ヨナ自身は、枯れた唐ごまの木を可哀相に思ったわけでも、花の命のはかなさを人の命の短さに重ねて嘆いたわけでもない。彼は、神の命令に従うのが嫌で海外に逃げることは思いついても、他国の人々の幸せとか救済とかには関心がなかった。彼は、最初から最後まで自己中心である。預言者という、神の言葉を民に伝達する職業に慣れすぎて、慢心あるいはジコチュウという虫に内蔵をやられていたのかもしれない。なにしろ、自分で建てた仮小屋の存在まで忘れてしまったのだから。

要するに、ヨナは、感謝することを忘れてしまったのだ。だ

イスラエルの唐ごま。八手の葉に似た大きな葉は、快適な日陰を提供してくれる。

が、人は、どれほど才能に恵まれていようと、感謝の心を忘れ、それを口にするのを厭うなら、次第に心は痩せ細り、貧相になる。私が死ぬほど怒りに燃えるのは正しいです、と言ったときのヨナはどんな顔をしていたのだろう。だが、他人のことはよく見えても、自分のことになるとまるでわからないのが人間。感謝を忘れると目が曇り、目の前の小屋も日陰も見えなくなる。他人事ではない。注意、注意、用心、用心。

蕣《あさがお》に 傘《からかさ》かしていくほどぞ

しおれやすい朝顔に、自分の日傘を貸していこうかしら。江戸中期の画家で、幕府の忌諱に触れ三宅島に遠島となった英一蝶《はなぶさいっちょう》（一六五二〜一七二四年）の句である。

Ⅲ　風の足跡

靴みがきの歌

僕には靴がある　君にも靴がある
すべての神の子には靴がある

靴磨けば光る幸せこんなところにある　（杉山青磁）

○発掘の季節

長い夏。それは、中東地域を専門とする考古学者たちにとっては非常に忙しい季節である。夏は乾季で雨が一滴も降らず、発掘には最適の季節だからである。この時期、エジプト、イスラエル、シリア、トルコ、レバノン、ヨルダン、イランその他の古代遺跡の現場は地元の発掘隊だけでなく、世界各地の大学や研究所が送る発掘隊により賑わう。日本からもいくつもの発掘隊が出かけて行き、毎日、早朝から炎天の午後まで、文字どおり汗と埃まみれになっての労働を続ける。発掘はまず肉体労働である。三十度、四十度を軽く越える気温。遺跡を掘る穴の中の暑さはそれ以上である。労働はきついが、しかし野外の空気を吸っての労働であるから、長時間のデスクワークよりは健康的だともいえる。

それだけに健康管理が大事である。発掘に出かける前から体調を整えておく必要がある。しっかり準備をし、気合いを入れて——聖書の表現を用いるなら、「腰帯を締め、靴を履き、杖を手にもって」、いざ荒野を目指し出発（出エジプト記一二・一一）である。「腰帯を締め」を考古学の言葉に翻訳すれば「帽子をかぶり」ということになろうか。強い日射しから顔や襟首を守るためにできるだけ鍔《つば》の広い帽子がよい。麦藁帽もいいし、カウボーイハットも悪くない。「杖を手にもって」の杖は「軍手」ととるか、あるいは「サングラス」とするか。人に

危険一杯の発掘現場。カマン・カレホユック遺跡にて。

よってさまざまであろう。翻訳の要がないのは「靴」である。

靴は帽子と同じくらい大事である。聖書時代の人々が履いた靴は革製のサンダルであった。発掘にはできるなら登山用あるいは軍隊用のがっしりした靴のほうがよい。発掘現場は登山や戦場と同じく危険に満ちている。岩、石、砂利、深く掘られた穴があちこちにある。十メートル四方に区切られた発掘区画と区画の間の〝畦道《あぜ》〟は狭く、落ちたら命の保証はない。千年あるいはそれ以上の時代にわたる居住跡が一目で分かるくらい縦に深く掘られた区画などは長い梯子を使って降りたり上ったりしなければならない。そこを手も使わずにタッタタッタと上り降りする曲芸師のような労働者がいたりするが、高所恐怖症の私などはいつも心臓の止まる思いをしている。そういうときに限って、一陣の風が吹くものだから、生きた心地がしない。発掘現場は祈りの場でもある。

このように危険がいっぱいの発掘現場で少しでも危険に合わないためには足下がふらつかないことが最も大事であり、そのためにがっしりした重い靴が必要なのである。

○魂

イチロー選手はいつも試合が終わったらスパイクやグローブやバットの手入れを自分で丹念にし、ひとにやってもらうなどということはしないということをどこかで読んだ記憶がある。それはイチロー選手に限らず、ほかのスポーツにおいても、大工も料理人も画家も、プロならだれでも道具の善し悪しが仕事の出来具合に大きく影響することを知っているはずだ。昔の武士であればその魂ともいうべき刀の手入れ、兵士であれば自分の銃や馬の手入れを常に怠らないことである。弘法筆を選ばずというが、本物の〝弘法〟は自分が毎日使う筆の管理は自分の責任で行ない、決して他人任せにはしないものだ。道具の管理はすなわち自己管理だからである。

手入れの行き届いた発掘作業道具。カマン・カレホユック遺跡にて。

　今も日本隊による発掘が続くトルコのカマン・カレホユック遺跡（九九頁参照）の発掘現場では、毎日作業が終わると、労働者たちはシャベル、刷毛《はけ》、箒《ほうき》その他発掘の道具をきれいに手入れし、明日の作業に備え。道具がいつも手入れされ、使いやすい状態になっていれば、翌日作業にとりかかるときにも身が引き締まり、それだけ新鮮な気持ちで労働を開始できるので重要なことである。発掘者の靴が、イチロー選手にとってのスパイクと同じ意味をもつなら、それら発掘作業に用いる器具や道具はいうなれば発掘隊全体にとっての大事な命である。

モーセは、エジプトの地を出て以来四十年間にわたりイスラエルの民を率い荒野を彷徨《ほうこう》した。そして死海東岸のモアブの地にたどり着くと、緑豊かな約束の地カナンを前にしながら人々に向かって語った。

わたしは四十年の間、あなたたちに荒野を通らせたが、あなたたちが身にまとっていた上着は擦り切れず、あなたたちが足に履いていた靴も磨《す》り減らなかった。
（申命記二九・四）

四十年荒野を歩き続けたイスラエルの民の上着は擦り切れず靴は磨り減らなかったとは、常に神の恩寵があって護られてきたという意味であるが、同時にそこには、モーセが指導者としてイスラエルの民の肉体的精神的健康維持のために終始気を配り、人々の挫折を防ぎ、彼らが希望を失わないように努力したことが暗示されている。エジプトを出てシナイの荒野を彷徨しはじめて間もない頃、イスラエルの民は厳しい荒野の環境に慣れるのに苦労し、何か辛いこと苦しいことがあると我慢しきれず、すべてモーセの責任にして愚痴を言い、激しく当たるのであった。しかし、年が経つうちに、そして荒野で生まれたイスラエル人の数が増えるにつれ、人々は荒野の環境や生活を自然に受け入れるようになり、精神的にたくましくなっていった。荒野での生活は一日一日が戦いであったが、イスラエルの民はそのリズムを自分のものとした。いわば、それぞれが自分の「靴」の管理を自分でできるまで鍛えられ成長したのである。

○ラメシス・ホテル

靴の手入れには汚れ落としのワックスやクリームを塗るのがベストだが、常時土や埃《ほこり》の中を歩き回ってそれをやっている暇がないというのが多くの考古学者たちの現状である。そういうなかでたまたま町に出る機会があれば、靴磨きに頼んでしっかり磨いてもらうのも手だ。シリア北部の古都アレッポの通りはそうした考古学者にはとても便利な町であった。町の通りのあちこちに靴磨きがいるからである。土地の男性はみなおしゃれだから床屋で口ひげを整えてもらうように、汚れが気になったら通りの靴磨きにちょっと磨いてもらう。値段も高くない。

アレッポは遠く聖書時代から、シリア地方を北のコーカサス・アナトリア地方、メソポタミア東部、南のパレスティナ、さらにエジプトあるいはアラビアとを結ぶ主要な隊商路が交差する重要な都市であった。現在もシリア第二の都市として繁栄している。アラブ人だけでなく、クルド人、アルメニア人その他さまざまな人種が住む国際的雰囲気を感じさせる都市である。

アレッポはその他考古学の面でも国際的である。日本を含む世界各国からの発掘隊がユーフラテス川沿岸やその支流のハブール川沿岸地域で、まるでオリンピックのように競うがごとく発掘している。アレッポはそれらの発掘隊がそれぞれの遺跡に向かったり戻ったりするための拠点である。アレッポの町中やホテルで他の発掘隊のメンバーに出会うことも珍しくない。だれが考古学者かは靴を見ればわかる。地元の人々が履いていないごつい靴を履いているからである。

多くの考古学者が利用するホテルの一つはアレッポ博物館近くにあるラメシス・ホテルである。ラメシスはエジプトのファラオの名前ラメセスのことである。

ラメセス二世は前一二七〇年頃、シリア南部のケデシュの戦場で、当時アナトリア（現トルコ）とシリア地方を支配していたヒッタイトの王の率いる軍と対決したが勝利を収めることができなかった。事実、エジプトのファラオが軍をさらに北のアレッポ地域まで進めることはめったになかった。
ラメセス二世の時代からはるか後の紀元前七世紀末、ファラオ・ネコは大軍を率いてエジプトを出発し、アレッポのさらに北、ユーフラテス川西岸の大都市カルケミシュに向かった。バビロニア軍の攻勢の前に首都ニネベを脱出したアッシリア最後の王アッシュウバリト二世を支援するためであった。
ところが、ファラオの軍がパレスティナを通過しようとしたとき、ユダの王ヨシヤフ（ヨシヤ）がその行く手を遮ろうとした。両軍はメギドで衝突し、ヨシヤフは倒れた。（歴代誌下三五・二〇〜二四）
ネコは北のカルケミシュに到着したが、アッシリア軍の支援に失敗した。

○幸せの靴

カルケミシュは考古学的にも歴史的にも非常に重要な都市であり、第一次世界大戦が始まる前、まだこの中東各地がオスマントルコ帝国の支配下にあったとき、デイヴィッド・ホガースやレナード・ウーリーの指揮するイギリス隊によって発掘され、ヒッタイト文化に関する数々の遺物が発見された。この発掘に深く関わり大いに功績があったのが、当時オックスフォード大学を優秀な成績で卒業したばかりの青年で、後に「アラビアのロレンス」の名で世界的に有名になるT・E・ロレンスである。彼は大学では陶磁器や中世ヨーロッパや中東の城塞のことを研究した。彼は学生時代から中東各地を徒歩旅行し、アラビア語を必死に勉強し自由に話せただけでなく、熟達した写真家であり、労働者たちを一つにまとめる指導力においても優れた才能を発揮した。第一次世界大戦勃発にともない、英国政府からエジプトやアラビア方面での任務を命じられ最初の思惑とは異なる軍人としての人生を歩み、四十六歳の若さで亡くなるが、もし戦争がなければおそらく考古学者としての道を歩み続けていたであろう。

アラビアのローレンスが履いていた英国空軍のブーツ。

　私がなんどか泊まったアレッポのラメシス・ホテルの前にバロン・ホテルというホテルがあった。ラメシス・ホテルに比べると小さく古色蒼然《こしょくそうぜん》としていたが、アラビアのロレンスがよく泊まったというので有名であった。

　ラメシスとバロンの両方のホテルがよく見える通りの街路樹の下にはいつも年輩の靴磨きがいて、何度か磨いてもらったことがある。そこから少し離れたところには少年の靴磨きたちが何人もいて、近くを歩いているとすぐさま寄ってきて磨かせようとする。遺跡からやって来た考古学者たちの靴は大きく文字どおり埃だらけだから磨き甲斐があり、それだけ高い値段を要求できるので彼らも必死である。仲間の靴磨きとの間で客の奪い合いが起こるのも珍しくない。

少年から足下を指さされ、きれいな靴は幸せを呼ぶよ、あなたの靴はあまりに汚れているなどと言われると、ほんとうにそのような気がして、じゃあ頼むかということになる。

靴磨きの少年たち。汚れた靴の考古学者は彼らの上客だ。シリア北部の都市アレッポにて。

見事作戦が成功して「上客」を獲得した少年は得意そうに鼻歌を歌いながら一生懸命磨いてくれる。磨いてもまた発掘現場に戻ればたちまち埃だらけになるが、それでもホテルのシャワーと同じく、さっぱりして新しい気分になる。たしかに幸せを呼ぶ靴磨きたちである。

かつて人権も認められず日夜苛酷な労働に苦しめられた奴隷たちは、自由と解放と安らぎを切望し祈り求めた。

彼らは約束の地である天国で自分の足にぴったり合った快適な靴を履いて自由に歩ける日々を夢見た。有名なニグロ・スピリチュアルが『すべての神の子には靴がある』（オール・ゴッズ・チルン・ゴッタ・シューズ）はそうした奴隷の祈りを歌った――

♪僕には靴がある。
君にも靴がある。
すべての神の子には靴がある。
天国へ行ったら僕は僕の靴を履くんだ。
天国じゅうを歩いて歩き回るんだ……

六十年前の日本にも、多くの人々が貧しさのゆえに靴を買うか米を買うかで苦しんだ時代があった。

靴買へば米買ひかねつ梅雨の雲　（加藤楸邨《しゅうそん》）

走るパウロ、歩くテモテ

時と機会はだれにも臨むが
人間がその時を知らないだけだ

○潜水時間

ピストルがプールの硬き面《も》にひびき　（山口誓子）

本当に暑い夏であったが、それもなんとか乗り越えられたのは、一つには、アテネオリンピックがあったお蔭である。各国の選りすぐれた選手たちが、互いに全力を尽くして競う、緊張がみなぎる様子は迫力満点であった。中でも、私が強く引きつけられたのは、水泳競技であった。

スタート台に立った選手たちが、パーンというピストルの音を合図にいっせいに飛び込む。カメラは直ちに水中の選手たちの姿を映す。選手たちは潜ったまま、両腕を真っ直ぐ前に伸ばし、足は細かく、力強く蹴り続ける。一気に、前へ、前へ。息を止めたままの数秒間。その場面に私は強い共感を覚えた。

別の意味で、私も、潜水と同じようなことを、ほとんど毎日、陸《おか》の上で行なっているからである。すなわち、何か一つのことを調べるのに、鉛筆をくわえたまま、狭い机の上はもちろん、床の上にもいっぱいに広げられ、さらにその上に重ねられた本の中を泳ぎ回る。そして、納得のいく答えが見つかるまで、息することを忘れている。その間、電話が鳴っても聞こえない。たとえ聞こえても、出るわけにはいかない。考えをまとめようとしてもまとまらない。あるいは、ある文章を翻訳するのにうまい日本語の表現が見つからず苦闘しているときも同様である。息を止め、神経を集中した状態が続く。食事の用意ができました、という声で、やっと、フーッと息をつくわけである。

その間、十分、あるいは、もっと長いかもしれない。別に時計で計ったわけではない。自分でそう感じるだけである。それは、カンバスに向かう画家や漆喰の白壁をきれいにむらなく塗り上げるときの職人についても言えるであろう。一気に仕上げなければならないのだ。その一気が、当人にとっては非常に長くも短くも感じられる。むしろ、時が止まったかのような体験と言った方が当たっているかもしれない。実際、時の体験とは、そういうものである。時計で計る時はあくまでも外から押しつけられた、他人の時。それに対し、「腹時計」を含む体感時計が告げる時は自分の時であり、そこで実感する時間こそが、本当に確かな時の長さなのである。

早く大人になりたいと思っている子供にとっては、一日や一年がとても長く感じられる。年を取ると、その一日や一年が驚くほど速く過ぎていく。ところが、子供であれ年をとった大人であれ、何かに夢中になっているときは、時を感じない、あるいは時間のことなどすっかり忘れてしまうほどの充足感に満たされる。

旧約聖書の詩人にとって、さわやかな空気に包まれたエルサレム神殿の庭で過ごす一日は、他所で漫然と過ごす千日にもまさる幸福感を与えてくれる。

あなたの庭で過ごす一日は千日にまさる恵みです。（詩編八四・一一）

実際、心が満たされていれば、時を忘れ、生き生きしてくる。多くの悪や不正に囲まれながらも、神の前に正しく生きようとする者は、神の宮の庭に植えられた植物のように美しく花開く。その者の心は安らかで、白髪になってもなお実を結び、命に溢れ、いきいきとする（詩編九二・一五）。

○熱い共感

このように普段でも本の中を潜り続けている私であるが、今回の〝潜水〟は、記録破りの暑さに合わせたかのように、いや、それ以上に長かった。どのくらい長かったか。そう、一年くらい潜り続けた。その間、一度も息をしなかった、息する暇もなかった、という感じである。その異常な体感経験にはある本の企画が関係していた。それは、聖書を一度は読んでみたいと思いつつも、なかなかその機会が見出せない人、また、実際に聖書を手にし、読みはじめたものの、最後まで続かなかったという人のために、聖書各章から名言あるいはエッセンスと言える文章を、少なくとも一つは取り上げ、それに短い解説を付けるというもので、私は旧約聖書全文書を担当することになった。

旧約聖書は、創世記からマラキ書まで、全部で三十九の文書からなる。私は、それらの文書の各章からおよそ一〇〇〇の名言を抽出し、解説をつけた。原稿の締め切りが予定よりずっと早まったため、すごいプレッシャーの下、呼吸するのも忘れて仕事に集中し、ついに『聖書名言辞典』(講談社)として完成したのであった。私は長い潜水を終え、水面に顔を出し、胸一杯に空気を吸った。

ちょうど、オリンピック水泳競技が盛んに繰り広げられているときであった。水中を必死に進む選手たちに、ひとり、熱い共感を覚えたのであった。

だが、胸一杯に空気を吸っても、まだ吸い足りない。そう思っていたところ、アナトリア（トルコ）中央部、アンカラから南のキリキア地方に向かう街道の途中にあるカマン・カレホユック遺跡に出かける用事ができた。このあたりは、かつて使徒パウロが歩いた地方である。

パウロは、キリキア地方の主要港湾都市タルソスの生まれである。パウロが生きた時代のアナトリア地方はローマ帝国の完全な支配下にあった。今でも、当時のローマの繁栄と力を示す大きな劇場や競技場跡が各地で見られる。競技および競技場の伝統はもちろん、古代ギリシアにまで遡る。種目は、槍投げ、円盤投げ、徒競走、幅跳び、レスリングの五種目。後に競馬や戦車競争が加わった。

ローマ市民でもあったパウロは競技にも関心があったようだ。若い頃には、競技場に出かけたことも一度ならずあったかもしれない。彼はしばしば競技を比喩に用いている。コリントの教会に宛てた手紙の中で、彼は、「競技場で走る者は皆走るけれども、賞を受けるのは一人だけです。あなたがたも賞を得るように走りなさい。競技をする人は皆、すべてに節制します」と言い、さらに自分も競技者の一人に譬えて、こう語る——

彼らは朽ちる冠のためにそうするのですが、わたしたちは朽ちない冠を得るために節制するのです。（コリント人への第一の手紙九・二五）

走るパウロである。

コリント運河

この時代、コリントではイストミア大競技祭が復活し、隔年で開催されていた。賞品は松の枝で作られた冠であった。古代ギリシアの競技種目に水泳競技は含まれていなかったが、軍事訓練としては行なわれた。

コリントには、ギリシア本土とペロポネソス半島を結ぶ海峡に、長さ六・四キロメートル、幅二三メートル、水深七メートルの運河がある（＝上写真）。現在の形に整えられたのは十九世紀になってからであるが、最初にそこに運河を造らせたのは、パウロと同時代のローマ皇帝ネロ（在位三七〜六八年）である。真っ直ぐに伸びた運河は、アテネからアドリア海に出るまでの距離や時間を大幅に短縮しただけではなく、兵士たちにとり恰好の訓練、競泳場であったに違いない。

○テモテよ、ゆっくり

パウロによれば、賞を受けるのは一人だけ。当時の競技には、今でいう金メダルしかなかったらしい。現代のオリンピックで銀や銅のメダルを獲得しても不満を隠さない選手がいる。競技者として最高のもの、ただ一つしかない栄冠やメダルを目標にするのは当たり前のことであろうが、しかし、精一杯努力しても、なかなか思うとおりにならないのが人生だ。山もあれば谷もある。能力や才知があっても、それを十分にいかせない、あるいは、いかす時や機会を逸してしまうのが人間だ。旧約聖書の知者は言う、

足の速い者が競争に、強い者が戦いに必ずしも勝つとは言えない。
知恵があるといってパンにありつくのでも
聡明だからといって富を得るのでも
知識があるといって好意をもたれるのでもない。

時と機会はだれにも臨むが
人間がその時を知らないだけだ。
（コーヘレト書九・一一～一二）

ロバと子供たち。テモテの故郷ルステラにて。

オリンピックの長距離ランナーたちは時々、腕時計を見ながら、自分のペースを崩さないように注意を払っている。たしかに、大事なのは自分自身をよく知り、自分のペースやリズムを大事にすることだ。パウロは、コリントの人々に対して書き送ったように、弟子の青年テモテに宛てた手紙の中でも、競技の比喩を用い、規則に従って競技をしないならば、栄冠を得ることは出来ないと語っている。しかし、パウロは、テモテに対しては、走りなさいという表現は避けている（テモテ第二の手紙二・五）。

テモテはアナトリア南部リュカオニア地方

ルステラの出身であった。ユダヤ人の母とギリシア人の父から生まれた。テモテは、内気な性格に加え、身体も虚弱で、「たびたび起こる病気」に悩まされていた。パウロは、この心身ともに強さとは無縁だった若い弟子に、各地の教会で起きていた複雑な問題の処理や調停という、最も重要な仕事を任せた。そしてテモテはその難しい任務を果たした。あらゆる意味での弱さやデリカシーを知っていたテモテだからこそ、それができたのであろう。また、文化的背景を異にする両親の血を受け継いでいることが、複雑な人間関係や問題の理解の助けになっていたであろう。

パウロにとり、テモテはなくてはならない大事な弟子であった。祈るのはテモテの健康のこと。パウロは彼に、あせらず、走らず、自分のリズムを守りながら、いつもの病気が起きたときは、少量のブドウ酒を飲んで休むように勧めている（テモテ第一の手紙五・二三）。テモテよ、ゆっくり行け。

走るパウロに、歩くテモテ。両者の足があり、互いに補い合うところから、良い実りが生じる。

いかに美しいことか
山々を行き巡り、良い知らせを伝える者の足は。

彼は平和を告げ、恵みの良い知らせを伝え……。（イザヤ書五二・七）

これは、パウロが最も愛した聖書の言葉の一つである（ローマ人への手紙一〇・一五）。

カマン・カレホユック遺跡を訪れた折り、いかにもアナトリアらしい優しい起伏が美しく波打つ高原の谷間に、一羽のこうのとりの姿を見かけた。やがて大群をなして数千キロ南のアフリカに帰るための準備をしていたのだ。人間はしばしば無茶をして自分のリズムを崩し、向かうべき方向まで見失うが、渡り鳥は、自分たちをよく知り、自分たちに最も合ったペースやリズムを忘れない。

空を行くこうのとりも
その季節を知っている。（エレミヤ書八・七）

気がつくと、いつの間にか暑さは去り、鳥たちの渡りの季節になっていた。

ジャンプ

学び過ぎは身体の疲れ
聖書の読み過ぎはいなご恐怖症

○お土産

青空が高くさえ渡る秋のある日、大学の授業が終わり教室を出ようとすると、一人の女子学生がやって来て、これ、実家で作ったものですが、よろしかったらぜひ召し上がってくださいと言い、小型のタッパーウェアを差し出した。なにか黒っぽいものが入っているようだ。

「何でしょう？」

「いなごです。いいえ、いなごの佃煮です。新鮮でとても美味しいですよ」

私は内心、飛び上がるほど驚いた、心臓も一瞬とまったにちがいない。いなごの佃煮があることは知っていたが、食べたことはないし、食べたいと思ったこともない。私にとっていなごは、悪いイメージでしかなかった。

どうです、一つ味見してください。そう言うと、彼女はタッパーウェアの蓋をとって、どうぞ！

黒く煮た小粒のいなごの群れがいた。どうしようか。恐怖に包まれたその瞬間、アメリカの友人が日本を訪れたときのことを思い出した。ちょうど正月だったので、おせち料理を味わう機会が多かった。雑煮、きんとん、ゴボウ、カマボコ……日本の料理はみんなワンダフルであった。一つを除いて。

そう、一つだけ、彼はどうしても食べられないものがあった。ゴマメ（小形のカタクチイワシ）である。それはジャパニーズ・アンチョビーを干したものなのだよと説明しても、ノー・サンキュウー、怖いと言ってまったく箸をつけようとしなかった。怖い？　この小魚が？　驚く周囲に対し、アメリカの友人は、そうだ、と言った。一匹ならともかく、大勢のごまめが重なり合いながら、ぎょろっとした目でこちらを睨んでいる様は恐怖である。とても食べる気がしない、と言うのであった。

ごまめはあまりにも小さいので、「ごまめの魚交《とと》じり」だとか「ごまめの歯ぎしり」だとかいって相手にされないことはなはだしいのであるが、しかし、そのごまめも集団になれば、ときに思わぬ威力を発揮するということだ。

　ともかくごまめを怖がったアメリカの友人を笑った私であったが、その私が、いま、いなごを前に恐怖を覚えている。いまにも飛びかかってきそうな黒っぽいいなごの群れ！

　それを、可愛い顔をした彼女が食べよ、と言う。私は感謝の気持ちをこめてにこやかに平静を装ったが、身はすくむばかり。あるべきか、あらざるべきか。食べるべきか、やめるべきか。追いつめられたハムレットであったが、いなごになったつもりで、えいっ、ジャンプ！　彼女の差し出す容器から一匹つかむと口に放り込んだ。

「いかがですか」

「美味しい！」

「よかった、母もきっと喜びます。どうぞ、入れものごと、お持ち帰りください」

「ありがとう」

　広々とした水田のある豊かな彼女の実家の風景が目に浮かぶ。

初秋の蝗《いなご》つかめば柔らかき　（芥川龍之介）

○読み過ぎて

それにしても、いなごに対する自分の恐怖心はどこから来たのだろうか。

漢字でいなごは「蝗」と書く。皇は徨と同じで、四方に広がること。すなわち、あたり一面を覆い尽くして甚大な被害をもたらす虫の意である。

いなごの害についてたびたび記しているのは聖書である。聖書の各所で恐ろしい害虫の代表として描かれている。畑に多くの種を蒔いて豊かな収穫を得たと思ったら、いなごの大群が来襲してそれらをすべて食い尽くしてしまう（申命記二八・三八）。

モーセの時代にエジプトを襲ったいなごの害はその典型である。東風によって運ばれてきたいなごの大群はエジプト全土の表面を覆ったので、地は黒ずんだ。いなごは地のすべての草や木の実を食い尽くし、エジプトの地表から緑がすっかり姿を消してしまったほどであった（出エジプト記一〇・一三〜一五）。

いなごの名前も聖書に沢山でてくる。「噛み食らういなごが残したものを渡りいなごが食べ、渡りいなごが残したものを跳びいなごが食べ、跳びいなごが残したものを食い荒らすいなごが食べた」（ヨエル書一・四）

その姿は軍馬の様相で、騎兵のように疾駆する。

戦車のような音をたて、
彼らは山々の頂を飛び跳ね、藁《わら》をなめ尽くす。
火炎のような音をたて、
戦いに備えて隊列を組む強大な民のよう。
……
彼らは勇士のように疾駆し、
戦士のように、城壁に上る。
それぞれが自分の道を進み、
進む道を変えることがない。
仲間同士で押しのけ合うことなく、
それぞれが自分の大路を進み行く。
……
彼らは町を激しく襲い、城壁を駆け〔上り〕、
家々によじ上り、その窓を通って、盗人のように入り込む。
その前に大地はおののき、天は揺れた。
太陽と月は暗くなり、星々はその輝きを失った。
（ヨエル書二・四〜一〇）

全天を覆ういなごの大群

ここから、いなごはものすごい勢いで迫り来る大軍やその恐怖の比喩に用いられる。毎年イスラエルの民が穀物の収穫を終えると必ず東の砂漠から遊牧民の連合軍が来襲し、穀物はもちろん、小家畜や牛やろばにいたるまですべてを奪っていく、その様は「まるでいなごの大群のようで、彼らも彼らのらくだも数え切れないほどであった」(士師記六・五)。遊牧民だけではない。戦争になるとどこの兵士も分捕り品を「ばったが物を集めるように集め、いなごが群がるように」それに群がり(イザヤ書三三・四)、町に放たれた火は人や建物を「跳びいなごのように」食い荒らした(ナホム書三・一五)。

まるで聖書のあちこちでいなごが飛び跳ねているようだ。いなごを避けて聖書を読むことはできない。ひょっとして、私のいなごに対する否定的イメージを強くした主な原因は聖書だったか。聖書の読み過ぎだ。

学び過ぎは身体《からだ》の疲れ。（コーヘレト書一二・一二）

聖書の読み過ぎはいなご恐怖症。

○新発見

大きないなごの被害の話は聖書時代だけではない。古くからの知人で、エルサレムに住むアルメニア人歴史家ジョージ・ヒンティリアン氏は消えゆく聖地の記憶を記録に残そうと努めている。その彼が年輩者から聞き出した話の一つに、一九一五〜一六年にパレスティナの人々が体験したいなごの大襲来があった。エルサレムでも、いなごは家々によじ上り、旧市街を囲む城壁を駆け上り、南面のヤッフォ門わきの「ダビデの塔」もすっかりいなごに覆われた。まさにヨエル書に記されているとおりである。人々は何日間も家の中に籠もった。当時この地域を治めていたオスマントルコ政府は学校を閉鎖し、住民にいなごの卵を掘り起こし、一人につき五キログラム以上探して役場に提出するように指示し、提出した者は証明書をもらうか証明スタンプを手に押してもらったそうだ。

エルサレムの城壁とダビデの塔

アフリカでは毎年のようにいなごの大群による畑の被害が報告されており、テレビでもその様子が放映される。二〇〇四年十二月、アフリカから飛んできた何百万匹ものいなごがイスラエル南部を襲った。天を覆い、畑の作物を根こそぎ食い尽くすいなごの大群に対し、人は今なお十分な打つ手を見出せないでいる。

ところが、こうしてイスラエルにおけるいなごの被害について調べているうちに新たな発見をした。聖書はいなごの恐怖について語るだけでなく、いなごを蟻などと共に小さいが「賢い」生き物の例に挙げているのである。

四つのものがあって、地の小さいもの、
そしてこれらは、きわめて賢い。
蟻、力のない民、
だが、夏のうちにその食糧を備える。
岩狸、強くない民、
だが、岩のうちにその住居《すまい》を設ける。
バッタには、王がいない、
だが、皆で整然と出陣する。

いなごをかたどった“紋”のついた
「蝗家（ハッゲバー）のアザルヤウ」
の印章（ヘブライ語、前八世紀）

やもりをお前は手で捕まえられるが、
それは、王の宮殿にいる。（箴言三〇・二四〜二八）

これは最近出版された岩波旧約聖書の訳であるが、バッタは他所ではいなごと訳されている語である。王がいないのに整然と出陣するいなごのイメージは前述のヨエル書の「それぞれが自分の道を進み、／進む道を変えることがない。／仲間同士で押しのけ合うことなく、／それぞれが自分の大路を進み行く」に通じる。

聖書のいなごに対する積極的な見方はそこで終わらない。なんと、聖書はいなごを食に適した清い食べ物、いわゆるユダヤ教の食事規定でいうコーシェルの一つに加えている（レビ記一一・二一〜二二）。そして、事実、モロッコ、イエメン、アルジェリアのユダヤ人はいなごをフライにしてよく食べたらしい。現在も、イスラエルの学者はタンパク質やビタミンの豊富ないなごを食べることを人々に勧めている。

実際、聖書には「いなご（ハガバあるいはハガブ）」という名前の人々が登場するし（エズラ記二・四五、四六）、いなごを家紋にした「蝗家《いなごけ》」の一員の印章（前八世紀）もみつかっている。（＝右写真）

いなごについての消極的記述から受ける印象があまりに強烈だったので、こうしたいなごについてのプラス評価があることには気づかなかった。聖書の読み過ぎどころか、バランスを欠く聖書の読みを知らされた。そこからさらに新しい見方が生まれた。

イエスと同時代に活躍した洗礼者ヨハネは、「らくだの毛ごろもから作られた着物を着、その腰には皮の帯を締めていた。また彼の糧はいなごと野蜜であった」(マタイ福音書三・四)。

ヨハネの食べた「いなご」について私はこれまでどちらかというと昆虫のいなご説ではなく、植物のいなごすなわち「イナゴマメ」とする説が有力でないかと考えてきたのだが、こうして見ると、ヨハネは、もちろんイナゴマメも食べたであろうが、それだけでなく結構いなごも食べたのではなかったか。生のまま食べたのか、火であぶって食べたのか、荒野の強烈な日のもとで干して食べたのかはわからない。いずれにせよ、私にとっては新たな聖書の発見、聖書の読みにおける飛躍、い

イナゴマメ

なごやバッタに負けないくらい高いジャンプであった。

え？　例の学生からもらったいなごの佃煮の残りはあの後どうなったか？　そう、あの後、トライアスロンの競技を前に練習に励んでいた学生に出会い、明日、仲間の選手たちと筑波から自転車で日光に行き、いろは坂を上り、また戻ってきて、大学のプールで泳ぐという話を聞き、その凄まじい訓練に驚き、彼らの恐ろしいばかりの強い意志と体力に圧倒され、感激し、激励の意をこめて、これは、もらったばかりのいなごだけれど食べますか、と言うと、その学生は目を輝かせて、喜んでいただきます、すごく力がつくんです、と言って受け取った。

スリムに引き締まった青年がまるで洗礼者ヨハネに見え、私もなんとなく力が湧いてきた。佃煮をくれた学生にあったらもう一度御礼を言わなければならないと思った。

しづかなる力満ちゆき蝗蜥《ばった》飛ぶ　（加藤楸邨《しゅうそん》）

衣更え

あえて秋を忘れる日本の衣更えと
あえて秋を見つけようとするイスラエルの衣更え

○四季のない国のように

四季という言葉が示すように、日本の季節の移り変わりは豊かできめ細やかである。イスラエルのように一年が乾季と雨季、あるいは夏と冬とにはっきり分かれるのとは違う。四季と二季。実際、季節を見る限り、日本とイスラエルとは見事といえるほど対照的である。

ところが、その日本人が、進んで「イスラエル的」生き方を選択するときがある。すなわち、四季的ではなく二季的に生きるとき、「衣更《ころもが》え」の日である。昔は四月一日と十月一日にそれぞれ、夏の衣と冬の衣にかえるのが習慣であった。制服については、現在、六月一日が夏の衣にかえるときの目安になっているが、冬の衣にかえる十月一日についてでは、そのままである。

厳しい残暑がまだ続いているときでも、十月一日になれば、衣は冬。イスラエルにない美しい紅葉の秋がしばらく続くのに、それは無視して、衣は一気に冬に入る。古来、自然を愛し、四季折々の風情を楽しむ日本人が、ここでは、自然に合わせることよりも、生活上の「けじめ」をつけることを優先させる。たしかに、衣を四季の変化に合わせてあれこれ考えるのは大変である。イスラエル的あるいは二季的生活のほうが簡単だし、便利である。

イスラエルの学校にはほとんど制服らしいものはないため、制服の色やスタイルで季節の変化を知ることはない。(アラブ系の学校では、制服のあるところが多いが、特に制服の色で季節の変化を知らされるということはない。女の子たちの制服は可愛らしい長袖のワンピース。寒ければ、下着でいくらでも調節できるので便利である。)

しかし、学校の制服はともかく、長い夏が終わって冬の季節に入ると、町行く一般の人々の服装に変化が見られるようになる。なによりも、イスラエルの夏の風物詩といえる半ズボンにサンダル姿が減ってくる。

サンダルといっても、突っかけ草履《ぞうり》風のサンダルではなく、靴底をベルトや紐でしっか

魅力のイスラエルサンダル。
エルサレムにて。

り足に固定するようにした、いわゆるギリシア・ローマ風の革サンダルである。実際、革サンダルは、暑くて長いイスラエルの夏を快適に過ごすのに適している。大人も子供もサンダルを愛す。なかでも、輝く太陽の下、素足に革サンダルを履いた明るいイスラエルの少女たちの姿は魅力的である。

気高いおとめよ、
サンダルをはいたあなたの足は美しい。
（雅歌七・二）

だが、いくら快適であっても、いよいよ寒くなり、雨でも降り出すと、サンダルは向かない。人々は、履物を革サンダルから普通の靴に変える。イスラエルの衣更えは足元から、である。

○靴一足の権利

聖書時代の靴は皆、ギリシア・ローマ風サンダルであった。死海沿岸の洞穴からも二〇〇〇年前の革サンダルが発見されている。エジプトではもっと古い時代からパピルスで編んだサンダルが使用されていた。

モーセがシナイの山で、燃え上がる柴を見つけ、近寄ろうとしたら、「近づいてはならない。足から靴を脱ぎなさい。あなたの立っている場所は聖なる大地だから」という声を聞いた（出エジプト記三・五）。そのときの靴は、おそらく革サンダルであったろう。シナイは砂地もあるが、大半は岩や砂利の荒れ地。シナイ山は文字どおりの岩山である。羊飼いだったモーセは、簡単な革サンダルを造る素材には困らなかったかもしれない。

しかし、貧しい人々にとってサンダルあるいは靴は貴重品であったことは間違いない。貧しい者にとっては、その靴一足は、なくてはならない大事なものである。それは、貧しい者にとって人間としての尊厳および人権の象徴である。それを犯すことは許されない。預言者アモスは言う、

彼らが正しい者を金で、
貧しい者を靴一足の値で売ったからだ。

彼らは弱い者の頭を地の塵に踏みつけ、
悩む者の道を曲げている。　（アモス書二・六〜七）

これは、貧しい者は靴一足の価値しか認められなかったという意味にとることも可能である。しかし、薄い靴（サンダル）一足はまことに軽いが、貧しい者の人間としての尊厳と権利は決して軽くない。

モーセの法では、靴一足の権利は「上着一枚」の権利として表現されている。貧しい者には、一枚の上着しかない。替えはないのである。彼あるいは彼女にとって、それは、寒い冬の夜、それにくるまって寝る布団でもあるのだ。それを貧しい者から取り上げるなどということは、いかなる理由によってであれ、認めてはならない。

もし、隣人の上着を質にとる場合は、日没までに返さねばならない。なぜなら、それは彼の唯一の衣服、肌を覆う着物だからである。彼は何にくるまって寝ることができるであろうか。もし、彼がわたしに向かって叫ぶならば、わたしは聞く。わたしは憐れみ深いからである。　（出エジプト記二二・二五〜二六）

また、モーセ法はこう命じている、

あなたは寄留者や孤児の権利を曲げてはならない。またあなたは寡婦の着物を質に取ってはならない。（申命記二四・一七）

○私の上着を戻して――ある労働者の訴え

テルアヴィヴの南、地中海沿岸にあるヤヴネ・ヤムは、紀元七〇年にエルサレムがローマ軍に滅ぼされてからおよそ二十年後、ユダヤ教の学者たちが集まって旧約聖書の正典編纂に関わる会議を開いた歴史的な場所でもある。

一九六〇年、ヤヴネ・ヤム近郊のメツァド・ハシャベヤフ遺跡の発掘中に、土器片に書かれた紀元前七世紀後半の碑文が発見された。碑文は、代官に宛てた刈り入れ労働者の訴えである。それによると、ある日、ショバイの息子ホシャヤなる人物がやって来て、労働のノルマを果たさなかったからと、強引に彼の上着を取り上げた。自分はノルマをきちんと果たしたし、そのことは一緒に働いていた同僚たちも知っている――

どうか、わが主、代官様が、僕《しもべ》の言葉をお聞き下さるように。あなたの僕は、刈り入れ労働者です。あなたの僕は、ハツァル・アサムにいて、刈り入れの仕事をしておりました。

　刈り入れが終わると、僕は、日々、止めの声がかかるまで、穀物の貯蔵の作業をしました。

　このように、あなたの僕が刈り入れを終え、日々、穀物の貯蔵の仕事をしていたときのことでした。ショバイの息子のホシャヤフがやって来て、あなたの僕の上着を取り上げたのです。

　私が刈り入れの仕事を終えたときでした。

　彼があなたの僕の上着を取り上げてからすでに数日になります。そして、私の仲間たち全員が、私のために証言できます。彼らは私と一緒に酷暑の中で刈り入れをしていたのです。私の仲間たちが私のために証言

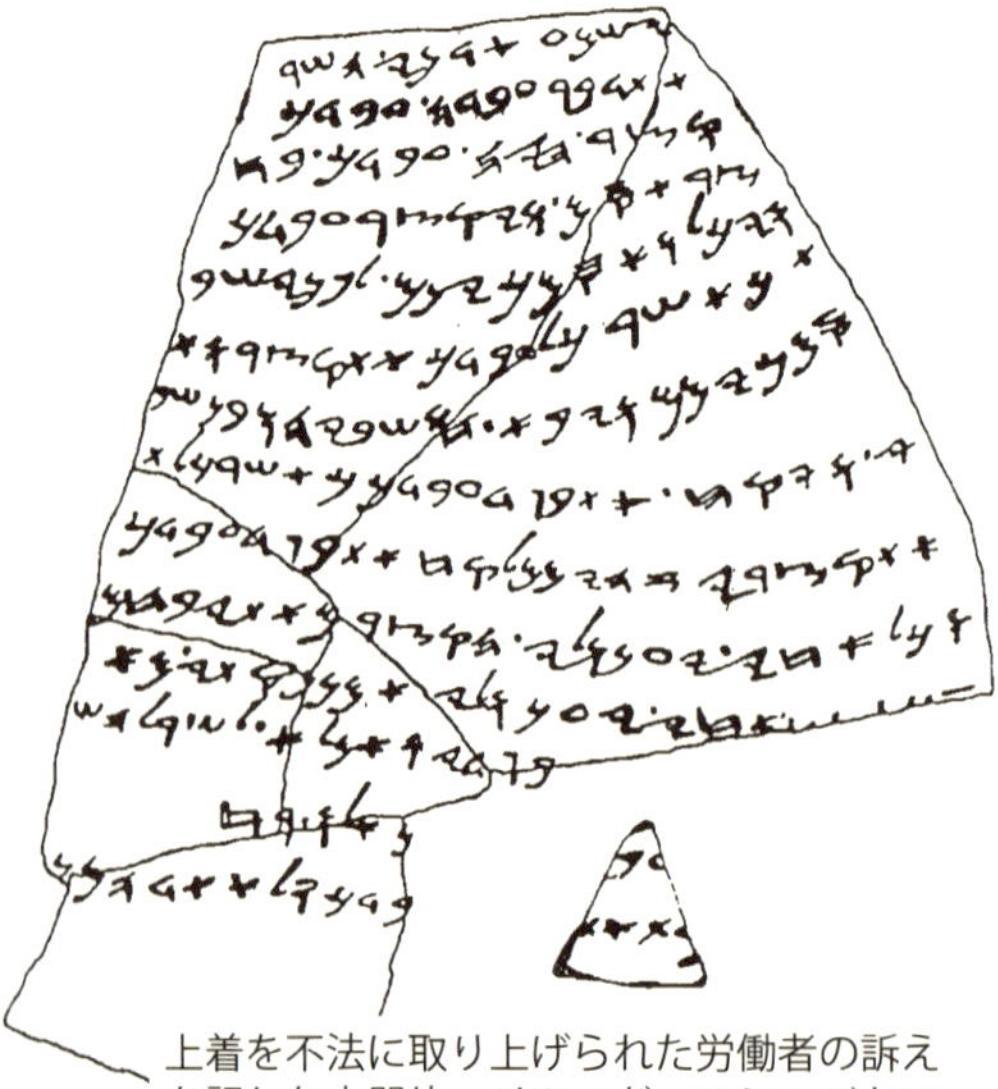

上着を不法に取り上げられた労働者の訴えを記した土器片。メツァド・ハシャベヤフ出土。前七世紀後半。

してくれます。

本当です、私は何の罪も犯しておりません。

どうか、私の上着を［取り戻してください。］

もし、私が無実なら、私の上着を取り戻すのは、代官様の務めです。

僕に憐［れみをお］示し下さい！　黙ったままいないで下さい！

労働者がノルマを忠実に履行したかどうかの論議はともかく、ショバイの息子のホシャヤフが労働者の上着を取り上げてから数日経っているとすれば、これは明らかに「隣人の上着を質にとる場合は、日没までに返さねばならない」というモーセ法に反している。訴えを聞いた代官がどのような判決を下したかは、残念ながら、わからない。

○言葉の衣更え

最後に、ヘブライ語でスーツのことをハリファーという（その複数形は上下揃ったスーツ）が、もともとは「(衣服の）交換（ハリファー）」を意味した。まさに「衣更え」である。スーツは普段着ない。あらたまった時に着るものというイスラエル人の考えに由来する。日本のサラリーマンは毎朝スーツに着替え、ぱりっとして出かけるが、一般のイスラエル人がスーツを着るのは、結婚式のような特別な機会だけである。そう頻繁にはない「衣更え」である。その場合でも、白い開襟シャツの衿を上着の上から出すだけで、ネクタイなどしない場合が多い。

「交換」が「スーツ」に変わったのであるから、これは、いわばヘブライ語という言葉の衣更えである。ヘブライ語の衣更えはそれ以外にもまだまだある。スタヴもその例の一つである。

スタヴは聖書では「冬」の意で用いられている。

ごらん、冬は去り、雨の季節は終わった。
花は地に咲きいで、小鳥の歌うときが来た。（雅歌二・一一～一二）

聖書のヘブライ語にはもう一つ、冬を指す語がある。ホレフである。しかし、春や秋を指す語はない。聖書の地では冬と夏の二つの季節を表す言葉があればなんとか済ますことができるからである。しかし、ヘブライ語が現代語として通用するには、たとえば日本語の四季を表現できる語がなければならない。そこで、人々は、スタヴを「秋」として用いることにした。冬が秋に変わった。スタヴの衣更えである。同様に、穀物の穂を表す語であったアヴィヴ（出エジプト記九・三一）は「春」として使用されることになった。すべては、ヘブライ語の衣更えである。

あえて秋を忘れる日本の衣更えと、あえて秋を見つけようとするイスラエルの衣更え。一方は、ものごとをより大きな視点から見る感覚につながるし、他方は、人や自然をより細かく見る感覚を身につけるのに役立つ。世界は、いつも、ふたつの衣更えを必要としている。

つつがなき母の便《たより》やころもがへ　（支考）

風の足跡――西に東に

だれが風を手のひらに集めたであろうか

○秋の北シリア、アフリン谷

シリア北端、トルコ国境に近いアフリン谷にあるアイン・ダラ遺跡を私が初めて訪れたのは一九九三年の秋のことであった。そこより南に位置するイドリブ県のテル・マストゥーマ遺跡で筑波大学と古代オリエント博物館が共同で行なってきた発掘調査も一段落し、同僚のベテラン考古学者常木晃氏が案内してくれるというので喜んで出かけたのである。

テル・マストゥーマからここアフリン谷までの道中、美しい緑のオリーブ畑がほとんど切れることなく続いていた。辿り着いた谷はアフリン川が曲線を描いて流れる肥沃な盆地で、オリーブだけではなくザクロの産地としても有名であった。

われわれが訪れた時はちょうどそのザクロの収穫時期で、地元のクルド人たちが真っ赤に熟した大きな果実を家族総出で収穫していた。忙しそうではあるが、素朴な光景に安らぎを感じた。

アイン・ダラ遺跡の発掘は偶然から始まった。一九五四年、一人の羊飼いが狐の巣を探していて石に躓つまづいた。よく見るとライオン像の頭部であった。すぐに調査が行なわれ、見つかったライオン像は古代の町の門の一部であることが分かった。やはり羊飼いの偶然の行動に始まった「死海文書」発見（一九四七年）を思い出させるエピソードである。

だが、アイン・ダラ遺跡の本格的な発掘が開始されたのは、最初の発見から三十年近くも経った一九八〇年のことであった。五年間続けられた発掘の成果は素晴らしかった。前十~八世紀の巨大な神殿（縦三八メートル、幅三二メートル）が出てきたのである。規模が大きいだけではなく、聖所、本殿聖室、前廊の三つの部分からなる構造は、ソロモンによって建てられたと旧約聖書に記されているあのエルサレム神殿の造りにそっくりであった。

アイン・ダラのライオン像

○神殿の「足跡《あしあと》」

しかし、アイン・ダラ神殿の構造に対する関心もさることながら、私が個人的に最も強く惹かれたのは、神殿の敷石に彫られていた「足跡」であった。それも半端なものではない、長さ九十七センチの巨大な足跡である。しかも、四つも彫られている。

まず、入り口一番手前の敷石には左右「両方の」足跡がきれいにそろえてあり、さらに、その一・七メートル前方に同じサイズの「左足」が、最後に、前廊から本殿聖室への入り口の敷石に「右足」が彫られている。二番目の左足から三番目の右足までの「歩幅」も一・七メートルと思ったら、そうではなかった。なんと十メートルもあるではないか。あのカール・ルイス選手といえども片足でそこまでは飛べまい。

途方もない歩幅は「足跡」が神的なものであることを暗示している。すなわち、これらは神殿の入口から内奥に向かって進んでいく神の足跡なのである。

一体、これらはどの神の足跡なのか、神殿はどの神のために建てられたのかは明らかではない。発掘者のアリ・アブ・アッサフは、イシュタル女神の神殿ではなかったかと考える。イシュタルは愛と豊饒《ほうじょう》の女神として、シリア・パレスティナで広く崇拝された。神殿跡からはいくつものライオンの彫像や浮き彫りと並んで、イシュタルの見事な浮き彫りが

アイン・ダラ神殿入口の「足跡」

発見されている（『アイン・ダラ神殿』一九九〇年）。だが、浮き彫りに描かれた女神はヒッタイト風の先の尖った靴を履いており、敷石に彫られた裸足の足跡のイメージにはそのまま結びつかない。

　そこでもう一つの可能性として、ハダド神が考えられる。ハダドは長い乾季の後、雷鳴を轟かせながら恵みの雨を降らす天候神で、古代シリアで広く礼拝された。その修飾句「(雨)雲を駆ける者」は、イスラエルの神に対して用いられている（詩編六八・三四）。黒雲や稲妻が雨季の到来を告げるという自然界の儀式と、それを人々が毎年心待ちにしている様は今も変わらない。

　しかし、それでもアイン・ダラ神殿がハダドの神殿だったと言い切るだけの証拠はない。

○普遍なるものを求めて——設計者のイメージ

明白なのは、アイン・ダラ神殿正面の壁や回廊を飾る黒い玄武岩のライオンやスフィンクスの浮き彫りが、アイン・ダラに住む人々の民族的、文化的、宗教的多様さや複雑さを物語っていることである。

住民や文化の複雑さはそれを治める者の苦労を暗示させる。事実、宗教や言語を異にする多様な住民を一つにまとめ統治することに支配者たちがいかに苦心したかは、アイン・ダラ西方のサムアル国の王が残した碑文（前九世紀後半）からも知ることができる。

異なる神々の対立を避けまとめる最高神の存在とその寛容は、多種多様な人種、宗教、言語が共生し混在する地域において特に強く求められた。そのために貴重だったのは「天の神」あるいは「天の主」の存在および呼称である。この普遍的神はどの宗教の住民にも受け容れることができた。「天の神」はシリア各地の王の碑文に登場し、その呼称は旧約聖書の多くの箇所で用いられている。一つの神だけを主張すれば必ず他の神との間に軋轢《あつれき》が起きるが、「天の神」にはそういう危険性がなかった。

多宗教世界において、最高神の普遍性や寛容性を象徴するのに最もふさわしいのは「風」であった。ヘブライ語やアラム語における「風」（ルーアッハ）は空気、息、精神などの意も含む幅広い言葉である。

アイン・ダラ神殿が、いずれの宗教あるいは神のために建てられたにせよ、設計者は明らかに、神が聖所に入り奥に向かって進む情景をイメージしながら図を描き建てた。設計者は、参拝者がそこをいつ訪れても——全く無風の暑い夏の日でも——普遍的な天の神としての風や息吹を感じ、それが「見える」ようにした。彼は、神殿内に入る神の風（息）を足跡の形で彫った。神の息吹としての風の足跡である。

○西と東を結ぶもの

アイン・ダラの神殿は前八世紀末に、おそらくアッシリア軍により破壊された。建物を飾っていた動物や鳥の像の大半はひどく損傷している。長い間、破壊された状態で放置され、様々な略奪や破壊行為はその後も続いた。神殿床に敷き詰めてあった平らな化粧石も、ほとんど失われてしまっている。

ところが、そのような長い破壊の時を経ながら不思議にも足跡のついた敷石だけがきれいに残っている。これは、われわれに単なる偶然以上のものを感じさせないだろうか。各時代の略奪者や破壊者たちも「足跡」にだけは手をつけなかった。おそらく彼らはそこに「聖なるもの」を感じたからである。

アイン・ダラ神殿は今では遺跡の一つとしてあるだけであるが、ちょうど荒野に生える孤独な常緑樹が、遠い昔から旅人に強烈な日差しを避ける木陰を与えてきたように、そこを訪れる人々に静かな安らぎを与えている。宗教や民族の枠を超えた素朴な風の足跡である。古代の神殿は遺跡と化すことで、新たな普遍性を身につけたと言える。

神殿破壊より数百年経ったヘレニズム期の層から、裸足の右足を模様にした赤釉《せきゆう》の陶器が見つかっている。明らかに廃墟の「足跡」に刺激された芸術家の作品である。

足跡は語る。そして足跡になにかを感じる心が異なる土地や人々を結びつける。エルサレムのオリーブ山の頂上には丸いドーム型の屋根に覆われた小さな「昇天教会」が立っており、中にはイエスが昇天したときに残したという左の足跡のついた石が置かれている。十字軍時代には両足の跡があったらしい。この小教会の管理はイスラム教徒が行なっている。

目を遙か東方に向けてみる。スリランカ南部の聖山スリーパーダ「聖なる足跡」がある。名は山頂にある足跡に由来する。興味深いのはこの足跡をめぐる地元の人々の理解の多様さだ。

仏教徒はブッダの足跡であると理解し、ヒンズー教徒はシヴァ神の、イスラム教徒はアダムがはじめて地上に足を下ろした所であるとし、カトリック・キリスト教徒はアダムの足跡であるという（鈴木正崇「スリランカの山岳信仰と聖地」小西正捷・宮本久義編『インド・道の文化史』春秋社）。

人々はそれぞれの信仰と思いをもって山頂の聖なる足跡に向かう。足跡が異なる宗教の共生と寛容を取り持ち、支えているのである。

○接点

実際、地球が本当に小さく狭くなってしまった現在において、しかも残された貴重な資源や美しい自然が毎日衝撃的な速さで失われているこの時代にあって、宗教や文化がなによりも学ばなければならないのは、他を押しのけて自分のことだけを主張することを止め、自己拡大の欲望をできるだけ抑えて、他者と分け合う場所と時を大事にすることであると思う。文明や宗教の衝突ほど多くの不幸を生む愚かな行為はないからである。

大事なのは、宗教がどれほど偉大であっても、その偉大さをすべて理解できるほどだれも完全ではないこと、そして、それだからこそ他の文化や宗教との交流によって学び続けていかなければならない。それは、自分たちの歴史や文化や宗教とは異なる人々との共存、共生、相互理解の大切さを知ることである。

理詰めの議論が最終的に行きつくところは対立、そして空しい優越感か惨めな劣等感しかない。自分たちの価値観を相手に押しつけることによってではなく、異なる相手との「接点」をなんとかして見つけ、それを共に大事に育てていく以外に人類が平和に生きる道はない。自分が語ることばそのものの限界を、自分の価値観や自分が知っていると思っている真理がいつも一面的であることを認める心が大切である。

「つまり、一つの真理は常に、一面的である場合にだけ、表現され、ことばで包まれるのだ。ことばでもって言われうることは、すべて一面的で半分だ。すべては、全体を欠き、まとまりを欠き、統一を欠いている」（ヘルマン・ヘッセ『シッダールタ』高橋健二訳　新潮文庫）

真理はある意味で風のようなものである。だれもそれを完全に捕らえることはできないし、独占することなど論外。そもそも「だれが風を手のひらに集めたであろうか」（箴言三〇・四）。

人は大きな真理のほんの一部を知るに過ぎない。しかしだからこそ、新たな出会いに驚きや喜び、あるいは「人の足跡に出会ったときは、主があなたの前に立っておられる」といった発見（モリス・アドラー『タルムードの世界』河合一充訳　ミルトス）があるのだ。

○響きは諸人のために

西方世界にばかり目が向いて、肝腎の東方世界に十分目を向けるゆとりのなかった私は、実は陰でいろいろな方から助けを受けた。その中で特に「足跡」との関わりで忘れてならないのは小学校時代の恩師加賀美秋子先生である。

先生は最近八十四歳で亡くなる直前まで万葉集をはじめとする日本古典の研究を続けておられた。そして、奈良薬師寺金堂の西南にある仏足堂内に、ブッダの足跡を線彫りにした四十八センチの大きな足跡があり、それは百済から渡来したこと、さらにその後方の石にはいわゆる仏足石歌が集中的に刻まれていることを私に教えてくださったのである。ちょうどアイン・ダラの足跡について新しく書きたいと思っていたときである。

薬師寺金堂

頂いた手紙には、「天平勝宝五年（七五三年）の銘文があり、万葉集は七八五年頃に編纂されたらしいので、それ以前に万葉仮名がこれだけ普及していたのですね」とあった。そして極めつけは、「これは上段一行目の歌です」という添え書きといっしょに記されていた歌。

万葉仮名による仏足石歌（七五三年）　筆写・ふりがな　加賀美秋子

美阿止都久留《みあとつくる》　伊志乃比鼻伎波《いしのひびきは》　阿米爾伊多利《あめにいたり》　都知佐閇由須礼《つちさえゆすれ》
知々波々加多米爾《ちちははがために》　毛呂比止乃多米爾《もろひとのために》

みあとつくる　いしのひびきは　あめにいたり　つちさえゆすれ
ちちははがために　もろひとのために
（御跡造る　石の響きは　天に至り　土さえゆすれ　父母がために　諸人のために）

なんという美しさ。なんという豊かさ。まるで古代イスラエル詩人が豊かな日本の自然に触れたかのような強い驚きと感動を私は覚えた。天平人のスケールの大きさと豊かな感性。

風の足跡は、西から来て東の足跡と一つに重なり、足跡を造る西の響きは東の響きと唱和し、静かに大地をゆする、平和を願う世界のために、諸人のために。

Ⅳ　冬の日射し

ロバの声

わたしはあなたのロバで　あなたは昔から今日に至るまで
ずっと私の背に乗ってきたではありませんか

○エルサレムの風景

道路に溢れる自動車とバス。歩道もそれに負けないくらい行き交う人々で混み、しかも携帯電話を手にしゃべりながら歩く人々も少なくない。たしかに少し前までのエルサレムにはなかった新エルサレムの風景だ。

しかしそれでも、数千年の歴史を刻む城壁と、それに囲まれた旧市街の周囲に漂う豊かな雰囲気は少しも変わっていない。そして大事なのは、その豊かな雰囲気を醸し出すのに、聖書時代からずっと重要な役目を果たしてきたロバたちがまだ健在であることだ。旧市街の路地のように車が通れない所では、依然ロバが大事な運搬人だからである。

そもそもロバのいない聖都エルサレムなんて一体どんなエルサレムなのだろう？　エルサレムが今でも聖都としての意味を持つとすれば、それはただ歴史が古いからとか、諸宗教にとっての聖地だからという理由だけでは十分ではない。

そこに行くことによって心が安らぎ、それまで見失っていた大事な自分を取り戻させてくれないと困る。その意味で、荷物を背負ってとことこ歩くロバたちは、われわれ人間にとって健全な本来のリズムとテンポが何であったかを思い出させてくれるのである。

山羊のミルクを運ぶ白毛のロバ。エルサレムにて。

かつてエルサレムに住んでいたころの私にはロバやロバ屋たちとの様々な出会いがあった。ロバ屋たちは野菜、穀類を入れた南京袋、薪《たきぎ》（木が極端に少ない土地なのだが、オリーブ細工の余り木などが薪として使われた）、灯油缶その他、求めに応じて何でも運んだ（と言っても、実際に運ぶのはロバ屋ではなくそのロバであったわけだが）。

荷物の運搬以外には、外国からの観光客などを乗せて金を受け取るというのもある。旧市街を一望のもとに見渡せるオリーブ山の頂きはそういう場所であった。二組のロバ屋が観光客の奪い合いをすることも珍しくなかった。

私が住んでいたオリーブ山の村には、毎朝山羊の乳を白いロバの背に載せて運んでくる老人のミルクマンがいた。あるいは、子供たちの乗り物としてロバを飼っている家もある。小さな子供たちがロバの背に乗って遊んでいる風景は、いかにものどかである。

○空を駆ける声

ロバは優しい目をしていて、性質も大人しい。そのロバがあたりの静寂を破って突然ヒーホーヒーホーと鳴き出すときは、全く驚かされる。まるでトランペットの音のように鳴き声は澄んだエルサレムの空を高く駆け抜けていく。

それにしてもなんという鳴き声なのだろう。まさに奴隷のように働かされることが多い自分たちの宿命を恨み悲しんでいるかのように、悲痛に満ちた鳴き声だ。あるいは優しいロバは自分たちのためだけではなく、自分たちと同じようにただ他人の重荷を背負うためだけに生まれて死んでいった、あるいは今も苦労しながら黙々と働く人間たちのためにも悲痛な声で叫び訴えているのかもしれない。もしロバという動物がいてくれなかったら、そうした下積みの労働者たちの苦労は何百倍、何千倍も悲惨なものになっていたことは間違いない。

それなのに、「ロバ」が愚か者や頑固者の代名詞にされているというのはどういうことであろうか。粗食に耐えながらよく働き、がんばり屋のロバに対してまことに失礼である。馬鹿という字句の使用もそうだが、人間という生き物がいかに身勝手であるかをあらためて思う。

幸いにも聖書は、ロバを愚か者の象徴には使用していない。葡萄の木につながれた雌ロバの子は豊かさの象徴であり（創世記四九・一一）、イスラエルの理想の支配者はロバに乗り（ゼカリヤ書九・九）、骨太のロバは苦役者や不屈の魂の象徴である（創世記四九・一四）。

それだけではない。あるエピソードでは、ロバが預言者に代わって重要な役割さえ演じている（民数記二二～二四章）。

○雌ロバとバラム

エジプトを出てから長い間シナイの荒野を放浪していたイスラエルの民が、エリコに近いヨルダン川東岸のモアブの野にやって来たときのことである。モアブの王バラクは、イスラエルの民の勢いとその数の多さに恐れを感じた。そして長老たちと相談して、北シリアのユーフラテス川流域のペトルに住む有名な預言者バラムに頼んで、イスラエルの民に呪いをかけて彼らを追い払ってもらうことにした。

使者たちはバラムのもとに贈り物を持って出かけて行って、モアブ王の意向を伝えた。ところが、バラムの返事はノーであった。理由は、夜中に神から託宣を受け、モアブ王の使者たちと一緒に行ってはならない、イスラエルの民を呪ってもいけないと告げられたからである。

使者たちの報告を聞いたモアブ王バラクは再度、今度は前よりも大勢の、位の高い使者を派遣して、大いに優遇しますから、ぜひお越し願いたいと強く要望した。

それに対してバラムは、たとえ家一杯の金銀の贈り物をもらっても神の言葉に逆らうことはできないと言って断った。ところが、その夜、神がバラムに現れて、モアブ人たちがどうしても来てくれと言うのなら行くがよいであろう。ただし、わたしが言うことだけを彼らに伝えよと語った。

こうして預言者バラムは、愛用の雌ロバに乗ってモアブの地に向かって出かけた。ところが、どうしたことか、ある所に来ると、彼の雌ロバは勝手に道を離れて葡萄畑の中に踏

ロバに乗る子供たち

み込んだ。バラムは雌ロバを杖で打ってもとの道に戻させようとするが、ロバは頑として動かない。それどころか雌ロバはバラムの足ごと自分の体を石垣に押しつけた。

慌てるバラムの様子が目に浮かぶようだ。実は私にも同じ体験があるからだ。そう、イスラエルを思わせる明るい陽射しに包まれた沖縄で初めて馬に乗ったときのことであった。この人間まるで素人だととっさに見抜いた馬はわざと石垣の方に寄ると、私の体を石垣に押しつけるようにして歩き、さらに木の枝が私の顔に当たるようにしたのである。私の足はすりむけるし、まことにもって意地悪な、しかし利口な馬であった。

ロバはまさかそんなひどいことはすまい。しかも、かつてイエスも乗ったという伝統ある聖地のロバだ。きっと柔和であろう。そう思ってエルサレムにやって来て間もないころ、初めてロバに乗ったのであったが、結果は馬の時と同じ。初心者であることが分かってしまい軽くあしらわれて、散々であった。

しかし、私の場合は全くの素人の体験であったからやむを得ないが、バラムの場合はそうではない。乗り慣れた自分の雌ロバからひどい仕打ちをされたわけであるから、頭にきた。この馬鹿ロバめと、バラムはまた雌ロバを杖で打った。ロバは悲鳴をあげたであろうが、それでも動かない。そしてとうとうバラムを背に乗せたままうずくまった。バラムは怒り心頭に発し、また杖で打った。こうなったら雌ロバは梃子《てこ》でも動かない。動くものか。

○預言者よ、驕《おご》るなかれ

雌ロバの我慢の緒《お》も切れていた。たとえ自分の主人だろうと許せない。長年彼女の胸の中に積もり積もっていたものまでが一気に爆発したようだった。驚いたことに、いつの間にか自分が人間の言葉で主人に向かって話しているではないか。動物が人間と話をするなんて、イスラエルの世界ではあのエデンの園の蛇以来の出来事だ。

そのエデンの園事件の場合は、アダムやエバによる非難も神の呪いもすべてを蛇が引き受けることで決着がついた。よく考えればどこか変だし割り切れないものを感じたが、それを口にすれば非難の応酬となって一層自分が傷つくだけだと思ったのであろう、蛇はだれをも批判しなかった。いかにも知恵ある蛇らしい判断であった。

しかし、雌ロバは蛇ではなかった。第一、アダムもエバも責任を蛇に押しつけるというフェアー精神に反することはしたけれど、ヒステリーを起こして蛇を叩いたり踏んだりはしなかった。それに対して、主人バラムが自分に対してしたことは何であったか。自分は主人のためによかれと思って道から逸れて葡萄園に入ったのだ。主人は預言者、それもそのへんの怪しい預言者とは違う、モアブ王から依頼が来るような国際的に有名な預言者ではないか。その偉大な預言者が、ロバである自分にも見えたものが見えなかったというのだろうか。

自分は道をそのまま進もうと思ったのだが、目の前に抜き身の剣を手にした何者かが行く手を塞《ふさ》いだものだから、やむなく畑の方に逸れたのだ。それに預言者である主人は腹を立てて自分を打った。

来る日も来る日も、灼熱の太陽が照りつける暑い夏も冷たい雨が降る寒い冬も、重い荷を背に積んで、あるいは主人を乗せて働き続けてきたというのに、それも雄のロバ（ハモール）に比べたらさらにおとなしい雌のロバ（アトン）を三度も打つなんて、絶対に許せない。イスラエルの神は、安息日には人間だけではなく家畜まで労働から解放することを命じた神である。その神の言葉を伝える者にあるまじき傲慢無知。

窮鼠猫《きゅうそ》を噛む。キレた雌ロバ反撃に転じる。

雌ロバ「三度も私を打つとは、いったい私があなたに何をしたというのですか」

バラム「お前が私に酷いことをしたからだ。ああ、私の手に剣があったらよいのに。そうしたら、いますぐにもお前を殺していただろうに」

雌ロバ「私はあなたのロバで、あなたは昔から今日に至るまでずっと私の背に乗ってきたではありませんか。私がこれまであなたに対してこんなことを一度でもしたことがあるでしょうか」

バラム「いや、なかった」

このとき、突然バラムの目が開いた。見ると、目の前に神の使いが剣を手にして仁王立ちになって行く手を塞いでいるではないか。バラムは驚き恐れて地に平伏した。

神の使いはバラムに、雌ロバの言うとおりであって、バラムが危険な道を進もうとしていたから行く手を阻んだのであり、もし雌ロバが私を避けていなかったら、いまごろ私はお前を剣で殺してでも、雌ロバを生かしておいたであろうと言った。

それを聞いてバラムは自分の目には神の使いの姿が見えなかったと説明し、自分の間違いを反省した。バラムはもう一度、神が彼に語る言葉だけをモアブの王に告げることを誓ってから旅を続けた。

一九六七年、ヨルダン川東岸、ヤボク川がヨルダン川に注ぐ地点にあるテル・デイル・アラ遺跡を発掘していたオランダのライデン大学調査隊は、赤黒二色のインクで書かれた紀元前八世紀前半アラム語の碑文断片を発見した。

復元された一つの碑文は「ベオルの子バラムについての記録。彼は神々の見者であった。夜、神々は彼のところに来て幻を示した」で始まっていた。これは聖書が語る「ベオルの子バラムの言葉。目の開かれた者の言葉。神の発言を聞く者、全能者からの幻を見る者」(民数記二四・三〜四)を思わせるものであり、バラムが広い地域の人々に知られた預言者であったことがさらに明らかになった。

バラムの活動はすでに遠い昔の話である。しかし、ロバの声は今でもこの地方のあちこちで聞こえる。そして車や携帯電話の騒音をはねのけるようにして、ときどきロバが鳴き声を空に向かってあげる。それが、すさまじい勢いで先を急ぐ現代社会に警告を発する預言者の声に聞こえるのは、私の思い込みであろうか。

驢馬《ろば》の耳ひたひた動く生きて灼けて　(加藤楸邨《しゅうそん》)

羊とおとめ

彼は一頭の羊に対して一人のおとめを
一着の衣服に対して男一人をくれた

○エルサレムの羊市

パレスティナ山地の村や畑に美しく咲き開いた白いアーモンドの花びらが冷たい早春の風に震える頃、ユダ荒野は緑の草のカーペットに覆われる。荒野が一年でもっとも豊かで優しい季節である。その豊かで優しい荒野をだれよりも喜び満喫するのは遊牧民に飼われる羊や山羊たちである。子を産み、溢れる乳を与えながら、新鮮な草を思う存分食べることができる短い幸せな時であり、間もなく来る長い厳しい乾季に備えての体力造りの時である。

中には荒野から町に連れていかれる羊や山羊もいる。遊牧民は売るために羊や山羊を飼っているのである。売られる場所は羊市。私はエルサレムの羊市を長年見てきた。毎週金曜日、旧市街を囲む城壁の北東端の空き地で開かれた。道路の反対側の一段高い丘の上にはロックフェラー博物館の立派な建物があり、空き地から東の方を望めばキドロン谷を目の前に挟んだ向こうにオリーブ山が見える。

エルサレム旧市街の城壁の下で開かれる羊市

さて、平日はまるで静かな空き地とその周辺は、羊市の開かれる朝になると大変な喧噪に包まれる。毛の色が白と言うよりもグレーに近い羊たち。山羊は白、黒、茶と、毛の色は様々である。市にはパンの屋台も出る。

人間は自分の好きな家畜を買うわけだが、買われる家畜の方は親子が引き離されて別の人間に買い取られていく場合が多い。それを嫌がって逃げようとし必死に抵抗する羊や山羊たちのメーメーという鳴き声はいかにも哀しそう。だが、集まっている人間たちはそんなことは気にしない。子を親から強引に引き離して売り、買い、連れて行く。遠い昔から、この地方の人間と家畜はこのような関係を繰り返してきたのだ。イスラム教徒は祝日の食事のために羊を買う。

しかし、やがては屠《ほふ》られる運命にある羊なのだが、その時までは買われた家族から大事に扱われる。子供たち（人間の）にとっては可愛いペットであり、子供のいない家庭ではまさに「わが子」である。

○子羊は彼の娘のように――ある貧しい男の話

わが子のような羊と言えば、こんな話が旧約聖書に載っている。それは、ある日一人の預言者が王ダビデのもとにやって来て語った話である。

ある町に二人の人がいました。一人は富み、一人は貧しかった。
富める人は非常に多くの羊や牛を持っておりました。
貧しい人は、自分で買った一頭の雌の子羊のほかに何一つ持っておりませんでした。
彼はその子羊を飼い、子羊は彼のもとで、彼の子供たちと共に成長しました。
子羊は彼の乏しいパンを食べ、彼の杯から飲み、彼のふところで眠り、彼にとって娘のようでした。

あるとき、富める人のところに一人の旅人が来ました。富める人は訪れて来た旅人をもてなそうとしたのですが、自分の羊の群れや牛の群れから取って料理するのを惜しんで、貧しい人の子羊を取って、自分のところに来たその人のために料理しました。

羊市で山羊を買って帰る少年たち

許せん。その男は断じて許せない。預言者の話を聞いた王は激怒して言った、

「そんなことをした男は死刑だ。その前に彼は子羊を四倍にして貧しい男に償《つぐな》わなければならない。まるで憐れみの心を持たなかったからだ」

すると預言者は王に向かって、その男はあなたですと言い、神の弾劾の言葉を言い渡した、

「わたしはお前に、お前の主君サウルに代わってイスラエルとユダの家を与えた。それでもまだ不足なら、わたしはお前のためにいくらでも増し加えたであろう。なぜお前は神を侮り、その目に悪と映る

ことをしたのか。お前はヘト人ウリヤを剣にかけ、その妻を奪って自分の妻とした。そして彼をアンモン人の剣で殺したのだ」

事実そうであった。ヘト人ウリヤはアナトリア（現在のトルコ）出身のヒッタイト系兵士。ダビデは多くの外国人傭兵を抱えていたが、ウリヤはその中でも特に優秀な兵士であった。ウリヤがヨルダン川東岸のアンモン人との戦いに出かけて行っている間に彼の妻バト・シェバを奪い、さらにダビデは現地で戦闘を指揮している司令官に命じて、ウリヤをわざと危険な前線に行かせて戦死させた。

このようなことは隠せるものではないし、許されるべきものではない。まさに王は部下の貧しい男からその娘のように可愛い大事な「子羊」を奪ったのである。神はこう告げて言う、

「それゆえ、剣は永遠にお前の家から離れることはない。お前が私を侮り、ヘト人ウリヤの妻を奪って自分の妻としたからだ」（サムエル記下一二・一〜一〇）

○羊一頭とおとめ一人と——アナトリアの王キラムワ

預言者がダビデに語った話は小羊を自分の娘と同じ位の価値があるものと認めた話であったが、今度は羊と娘の価値の比較についての話をご紹介しよう。

それは、紀元前九世紀後半のヤアディィの王キラムワに関わる話である。ヤアディィの国はサマルとも呼ばれ、首都はアナトリアのジンジルリ（現在のトルコ南東部）にあった。ヘブライ語と同族のフェニキア語で書かれた碑文の中で、キラムワはまず初めに、曾祖父のガバル、祖父のバマフ、父のハヤ、そして兄のシャウル（サウル）に至る先代の王たちは何一つ事業らしいことを行なわなかったことを強調する。

続いて彼は、彼のヤアディィ国が代々周囲の国々の格好の餌食にされていたことを述べる。キラムワを最も苦しめたのは南に隣接するダヌナ人の国の王であった。ダヌナ人の国とは旧約聖書のクエ（後のキリキア）、地中海に向けて肥沃な平野を抱える現在のアダナ地方である。

ダヌナ人の圧力を跳ね返すために、キラムワはアッシリアの王に救援を頼み、ダヌナ人の支配をはねのけることに成功した。キラムアは語る、

「私の父の家は強力な王たちに囲まれ、その王のだれもがそれに手をかけ食いちぎろうとした。私はこれらの王たちの手中にあって、まさに『ひげが火に焼かれ、手が火に焼かれる』状況であった。ダヌナ人の王は私の上に君臨したが、私は彼に対抗してアッシリアの王を雇った。彼は一頭の羊に対して一人のおとめを、一着の衣服に対して男一人をくれた」

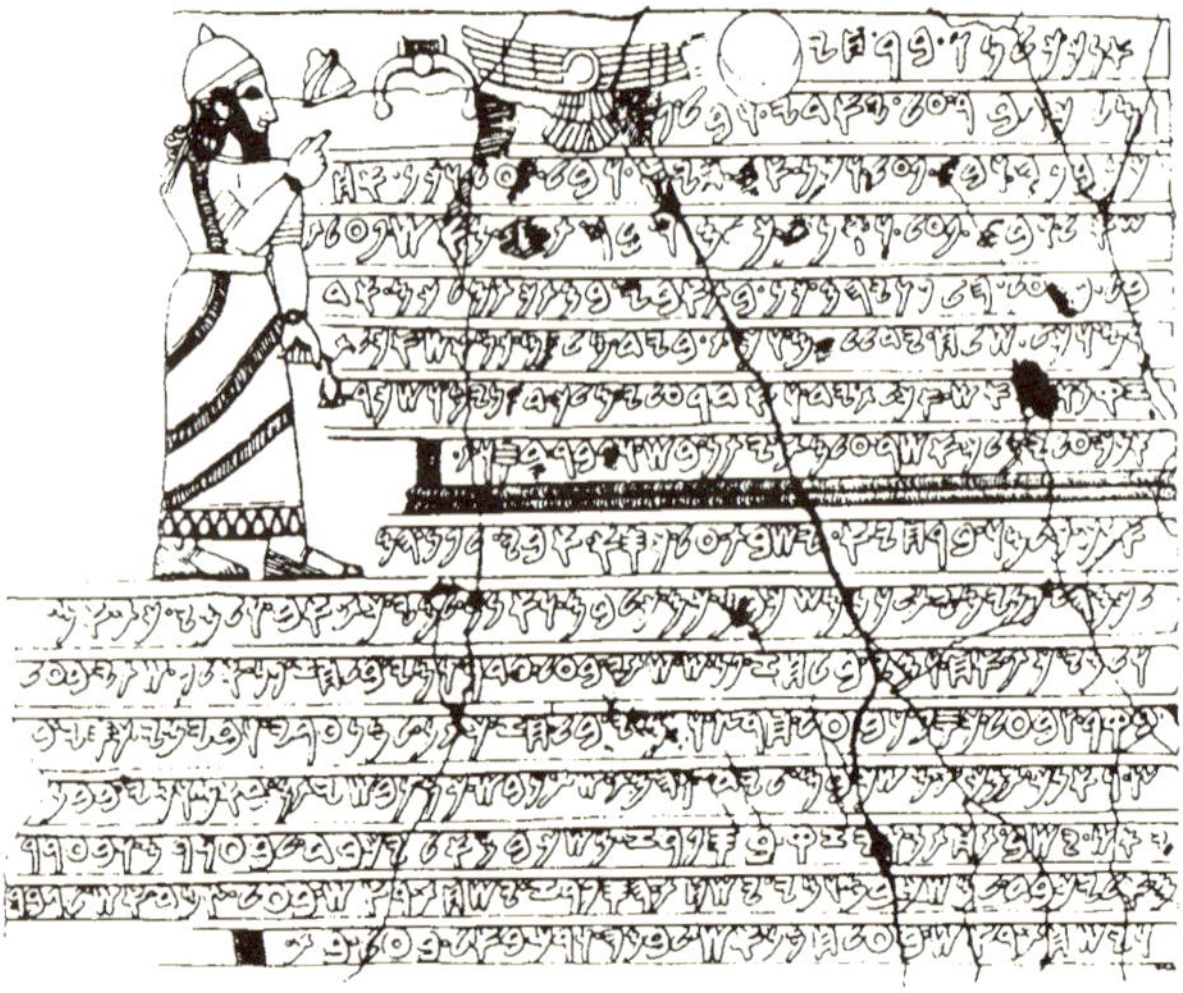

フェニキア語で書かれたヤアディ（サマル）の王キラムワの碑文。前825年頃。ジンジルリ（現トルコ南東部）出土。

「ひげが火に焼かれ、手が火に焼かれる」は厳しい状況を語る格言であろう。同様に、「彼は一頭の羊に対して一人のおとめを、一着の衣服に対して男一人をくれた」もやはり当時の人々に知られていた格言を引用したのかもしれない。いずれにせよ、「彼は一頭の羊に対して一人のおとめを、一着の衣服に対して男一人をくれた」はどういう意味であろうか。

　キラムワはアッシリア王を「雇った」と、あたかも自分の方が優位な立場にいるかのように語る。このアッシリア王は有名なシャルマネセル三世（前八五八～八二四年）である。キラムワの父ハヤは周辺の国々と反アッシリア同盟軍を結成してシャルマネセル三世と戦ったが敗れその属国になった。つまりキラムワは父以来のアッシリアの属王であったところ、さらに隣のダヌナ人の圧力にも屈した。弱り目に崇《たた》り目である。

宗主アッシリアの王を目の前にして、あなたを「雇った」とはとても言える立場ではなかったが、しかしこれはローカルの地元民を相手に刻んだ記念碑である。アッシリア人が見てもフェニキア語は読めまい、気にすることはない、せめてここだけでも普段の鬱憤を晴らさなければならない。というわけでアッシリア王を「雇った」と刻んだのである。

○羊の顔を見たことのない者に

ここから、彼すなわちアッシリア王はキラムワが支払った羊一頭分の雇用料に対し乙女一人分の仕事をしてくれた、衣服一着分の金しか払わなかったのに「彼」は乙女一人分の労働をしてくれた、すなわち属王である自分が宗主を相手に大いに得をしたということをキラムワは言おうとしているのであろう。

キラムワの父ハヤはシャルマネセル三世と戦って敗れた際に銀十タラント（一タラント=約三十四キログラム）、銅九十タラント、鉄三十タラント、美しい色に染めたウールや亜麻の衣服三百着、牛三百頭、羊三千頭、杉材二百本などの膨大な「罰金」を支払わされた。まったくいつの時代も戦争に負けたときのツケは大きい。ハヤはその上さらに毎年銀十ミナ（約五・七キログラム）、杉材百本、松脂《やに》一ホメル（約三百九十リットル）を納めなければならなかった（シャルマネセル三世「クルフ碑文」）。キラムワも同様の年貢を納めていたであろう。

ダヌナ人の王と戦うためにキラムワがシャルマネセル三世にどのくらい支払ったかは、援軍として参加したアッシリア軍の規模にもよるかもしれないが、属王を庇護するのは宗主としての義務でもあったからキラムワとしては案外「安く」済んだのかもしれないのである。

一方のダヌナ人の王はアッシリア王とキラムワの両方に賠償金や年貢を納めなければならなかったはずである。ダヌナ人が住むアダナ地方は牧草も豊かで現在も羊や山羊など家畜の飼育が盛んである。ソロモンはこの地から馬を輸入した（列王記上一〇・二八）。キラムワは当然こうした家畜をダヌナの王に納めさせたであろう。

キラムワの父ハヤと同世代のイスラエルの王アハブは死海東岸のモアブの王メシャに毎年、十万頭の子羊および雄羊十万頭分の羊毛を貢がせていた（列王記下三・四）。

何はともあれ隣国の圧力をはねのけ国の繁栄を取り戻したキラムワは、国民の生活に富と潤いをもたらした。彼によれば、国民の中で羊の顔を一度も見たことのない者が多くの羊の群れの所有者となった。「自分の羊」を一度も所有したことのない者を非常に裕福にしたということである。

キラムワは国の平和と〝高度成長〟を誇らしげに語り、碑文も終わりへと近づく。

「私はある者たちにとっては父であり、ある者たちにとっては母であり、またある者たちにとっては兄であった。私は羊の顔を一度も見たことのない者を羊の群れの飼い主とし、牛の顔を一度も見たことのない者を牛の群れの飼い主、銀の持ち主、金の持ち主とした。幼い頃から一度も亜麻布を目にしたことのない者が私の時代になって上等の布を身にまとった」

かつて日本でも、特に敗戦後、羊や山羊が多く飼われていた。子供の頃、東京の隣家の主人が毎朝山羊の乳を搾っていたのを思い出す。北海道や東北地方では羊のいる「聖書的風景」もめずらしくない。事実、羊の毛刈りは春の季語にまでなっている。

毛を刈る間羊に言葉をかけとほす　（橋本多佳子）

拓本

国境を　知らぬ草の実　こぼれ合い

○古代の便箋

聖書時代の日常生活で最もよく使用されたものと言えば、それは土器であろう。料理用の鍋や鉢、水入れ、水差し、皿、穀物入れ、ワイン用甕《かめ》等々。

考古学的発掘を行なうと土器が出てくる。土器にはそれぞれの時代の流行があり、考古学者たちはその形や色や模様からそれが出土した層のおおよその時代や文化を理解することができる。

土器は非常に割れやすい。古代の人々は割れた土器を修復不可能なもののたとえに用いた（エレミヤ書一九・一一）。しかし考古学者たちはボンド糊、テープ、石膏、さらに洗濯挟《ばさ》みなどの「七つ道具」を使って割れた土器を修理あるいは復元する。

古代の人々も割れた土器をそのまま棄てたわけではない。土器片は暖炉から火を取り、水槽から水を汲む柄杓《ひしゃく》の代わりとして（イザヤ書三〇・一四）、甕の壊れた把手《とって》は機織りの重りに利用された。有効な廃物利用である。

人々はまた土器片をちょっとしたメモ用紙や手紙を記す「便箋」代わりに使用した。文字を記した土器片（オストラコン）は書体から時代を判断できるので貴重な資料となる。一九一〇年にアメリカのハーヴァード大学によるサマリアの発掘で大量に見つかったオストラコンもそうである。

サマリアはパレスティナ中央の山頂にあり、前九世紀初めにイスラエル（北王国）の王オムリ（前八八五〜八七四年頃）が建て、その息子のアハブが拡大した町である。サマリアから出土したオストラコンは前八世紀後半頃のものと思われ、中にはワインやオリーブ油の発送に関係したものもあった。王の治世年の後に、発送者名、受領者名、品名が記されている。

たとえば、

「第九年。ヤツィートからアビノアムへ。古いワインの入った大甕一個」（＝右図）

あるいは
「第十年。アザからガディヤウへ。上等の油の入った大甕一個」（＝左図）

文字の記したものが発見されると、発掘現場は急に色めき立つ。文字は古代の人々が何を考えていたかを現代のわれわれにより直接的に教えてくれるからである。私は海外の日本隊による遺跡発掘で初めて碑文が発見されたときの現場の喜びと興奮の光景を今でもよく思い出す。

○拓本が活躍するとき

文字は、インクで書かれたものもあれば、先の尖った棒や釘で刻み込んで書いたものもある。インク文字の場合は、土器片の表面に残っているインクの濃淡によってどの程度まで読めるかが決まるが、石や粘土に刻まれた文字はそれに当たる光線の具合で読みやすかったりそうでなかったりする。地中から掘り出されたもの、あるいは長年風雨に晒《さら》されてきた石碑などは、表面が摩滅《まめつ》し文字の判読が困難な場合が少なくない。

そういうときに大いに力を発揮するのが拓本である。文字の刻まれた土器や石の表面に紙をあて軟らかい墨で上から摺《す》るか、あるいは実物の上にのせた紙を湿らせ刷毛《はけ》や布切れ

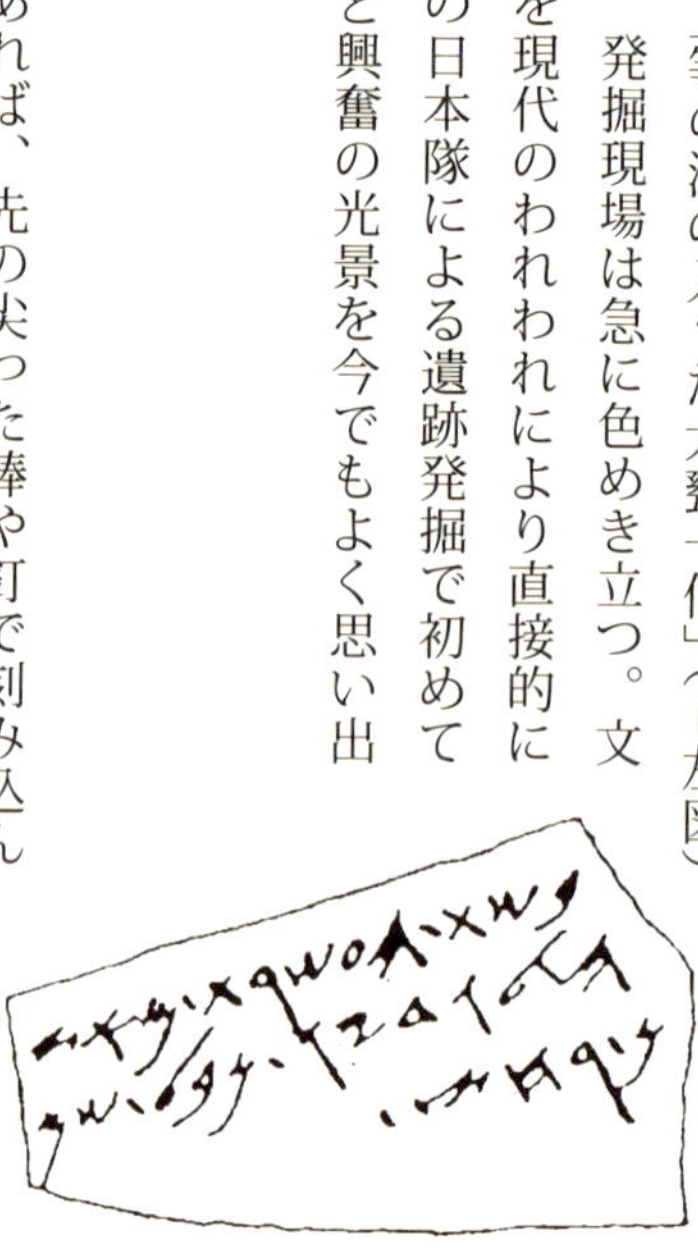

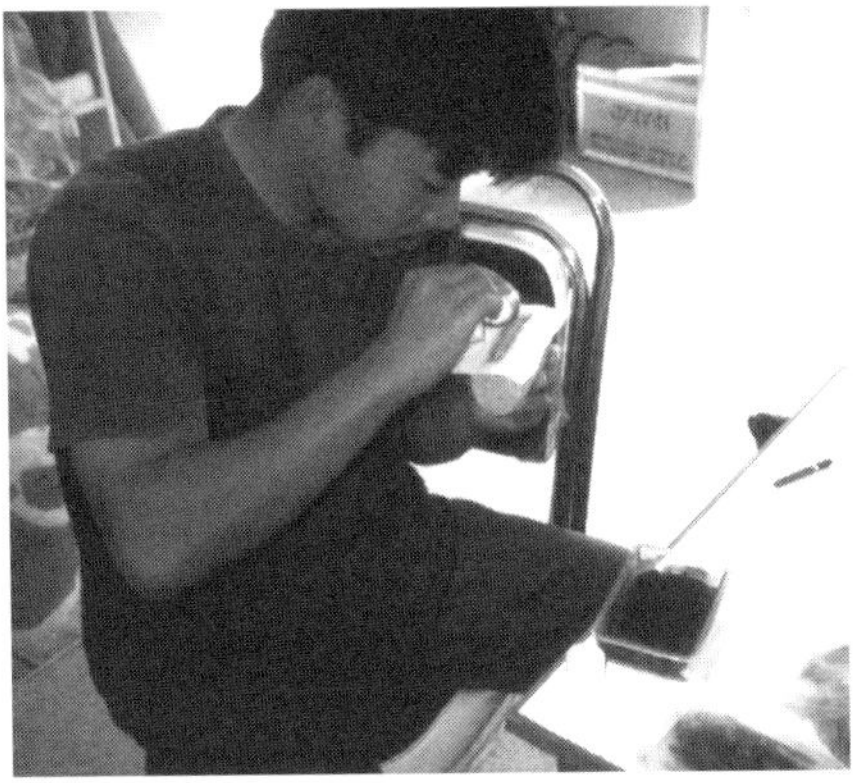

湿った紙を上に置き、墨のついた「たんぽ」で叩いてアラム語碑文の拓本を取る若い考古学者。テル・マストゥーマ発掘隊キャンプにて。

で文字の刻み目に打ち込み、半ば乾燥したところで「たんぽ」に墨をつけて文字を叩き出す。前者を乾拓《かんたく》といい、後者は湿拓《しったく》と呼ばれる。

日本隊が発掘したシリアのテル・マストゥーマ遺跡（一五二頁参照）から出土した小さな碑文の判読にも拓本が非常に役立った。湿拓法は凹凸のはっきりした碑文において特に効果がある。乾いてはがした紙に浮き上がって鏡像のようになった文字からレプリカを取ることができるからである。

拓本が聖書の世界の研究で大いに活躍したのは、有名な「メシャ碑文」との関わりにおいてであった。

○メシャ碑文とアマチュア考古学者

メシャは前九世紀に死海東岸のモアブ国を統治した王であり、そのメシャが命じて作らせた記念碑が「メシャ碑文」である。

一八六八年、パレスティナで医療宣教師として働いていたF・A・クラインが死海東岸のディバーンを訪れ、ベドウィン（半遊牧民）から高さ百十五センチほどの黒い玄武岩の石碑を見せられたのが、そもそもの事の始まりであった。彼は三十四～三十五行の文字が並ぶ碑文の数行をスケッチしてエルサレムに戻り、当時の北ドイツ領事に報告した。オリエント語学の専門家でもあった領事は、ドイツ国のために碑文を購入しようと思い本国と連絡をとった。

その間にエルサレムのフランス領事館の通訳をしていたアマチュア考古学者チャールズ・クレアモン・ガノーがその話を聞きつけたことで事は複雑になる。クレアモン・ガノーは、直ぐに拓本を取らせにヤクーブ・カバラカという男をディバーンへ派遣した。ベドウィンはカバラカが拓本を取ることを承諾した。湿らした紙を碑文の文字の刻みに押し込み、紙が乾くのを待った。ところが碑文の所有権をめぐってベドウィン間で争いが起き、カバラカと同行した騎手たちにも危険が及んだ。騎手の一人は槍で足を刺されて負傷したが、もう一人の騎手はまだ十分に乾いていない紙を石から引き剥がした。まさに危機一髪。紙は七つに裂けたがともかくそれを持って逃げることに成功した。

一方、ドイツ側は碑文購入の件でベドウィンと交渉したが、値段の折り合いがつかず難航し、当時この地域を支配していたオスマン・トルコ政府の州知事に協力を求めた。これがかえって災いを招いた。トルコ政府の統治を嫌悪していたベドウィンは激怒し、なんと彼らにとっても大事な「商品」だったはずの碑文を火で焼いて壊してしまったのである。

壊された碑文断片はその後クレアモン・ガノーやパレスティナ英国考古学協会の責任者チャールズ・ウォーレンその他の人々の努力により買い集められ、パリのルーブル美術館に寄贈された。すべての断片を集めることはできなかったが、クレアモン・ガノーは集められた断片から碑文を復元した。この時大いに役立ったのが例の七つに裂けた拓本であった。クレアモン・ガノーは碑文の欠けた部分は凹凸のついた拓本を基に石膏で複製し全体を再構成した。現在ルーブル美術館に展示されている「メシャ碑文」がそれである。

○甦った「ダビデの家」

その碑文の中でメシャ王は長年モアブがイスラエルの支配下にあったと述べている。

オムリがイスラエルの王であった。彼は長らくモアブを苦しめた。ケモシュ（神）が自らの国（モアブ）に対して怒ったからである。そして彼の息子（アハブ）が後を継ぐと、彼も『私もモアブを苦しめてやる』と言った。

しかしメシャは夢でイスラエルが滅びるのを見て反乱を決意する。オムリの息子アハブが死亡し、まさに好機到来。聖書も「モアブの王メシャは羊を飼育しており、十万匹の子羊と雄羊十万匹分の羊毛とを貢ぎ物としてイスラエルの王に納めていた。しかし、アハブが死ぬと、モアブの王はイスラエルの王に反逆した」と語る（列王記下三・四〜五）。

メシャは、イスラエルから取戻したモアブの町々、特に王都ケリホを新しく建て直した。

……イスラエルの王はヤハツを建て、私と戦っている間そこを占領し続けた。しかし、ケモシュ（神）は彼を私の前から退けた。……私はケリホを建てた。その公園用地の壁、城砦を、またその城門と塔を建てた。さらに王宮を建て、町の中の貯水池の堤防を造った。そしてケリホの町中には水槽がなかったので、すべての人々に、それぞれ自分で自分の家に水槽を作れと命じた。……

ケリホは聖書ではキル・モアブ、キル・ハレセト、あるいはキル・ヘレス（「土器の町」イザヤ書一六・一一、エレミヤ書四八・三一）などと呼ばれている。現在のアンマンから南へ百二十九キロメートル、標高一〇〇〇メートルの断崖に立つエル・ケラクと同定される。ここからの死海方面の眺めは素晴らしい。

アハブの息子イェホラムはユダの王ヨシャファトを誘い、さらにエドム（死海東岸南部）の王も加えて連合軍を組織しモアブ領内に攻め込んだ。モアブの王は苦戦を強いられ

拓本

モアブの王メシャの碑文。1868年死海東岸のディバーンで発見。

たが首都の防備は固く、結局連合軍は決定的勝利を収めないまま撤退した。引き分け《ノー・サイド》である（列王記下三・四〜二七）。

クレアモン・ガノーはメシャ碑文の拓本を一度も公表しなかった。それが公表されたのは一九九四年のことで、彼が拓本を手にしてから一世紀をはるかに超えていた。そしてその拓本からフランスの学者アンドレ・ルメールは、クレアモン・ガノーが復元したメシャ碑文からは読み取れなかった文字を読み取った。その結果、メシャ碑文には「イスラエルの王」のほか「ダビデの家」すなわち「ユダ王国」についても言及していることがわかったのである。この場合のイスラエルとは北王国を意味し、ユダは南王国を意味する。

こうして、それまでだれも気づかなかった「ダビデの家」までが甦ったのであった。すべては、七つに裂けても生き残った拓本のお陰である。

メシャ碑文は、当時イスラエルとモアブはたまたま国が違うというだけで、人々が用いる文字も言葉にほとんど違いがなかったことを教えている。一方、聖書によれば、モアブとイスラエルは戦ってばかりいたわけではないのである。事実、イスラエルが飢饉に襲われたとき、住民が死海東岸のモアブの地に逃れ、モアブの住民もそれらのイスラエル人を受け入れたこと、さらに双方の間で婚姻関係が結ばれることもめずらしくなかったことが「ルツ記」の記述からわかる。

ルツ記は、聖書中でも最も美しい作品である。イスラエル人と結婚してまもなく夫が死に、未亡人となったモアブ人女性ルツが、落穂拾いをしながらイスラエル人の姑《しゅうとめ》を養う話である。やがてルツは、落穂拾いをしていた畑の持ち主のイスラエル人と結婚し、二人の間に子供が生まれる。そして、その末裔に後のイスラエルの王ダビデがいることを聖書は堂々と記すのだ（ルツ記四章）。ダビデはモアブとイスラエルの両方の血を引く王だということである。

国とは何か。民族とは何か。中近東文化センター附属博物館にある黒色のメシャ碑文を見つめながらふと、思う。実際、季節が来れば、モアブの野にも花が美しく咲き、イスラエルの野にも咲くのである。境界という言葉が生まれる前の遥か遠い古代から、いまも。

国境を知らぬ草の実こぼれ合い　（井上信子）

故郷の月

自分はやはりパピルスの子だ
シヌへは目を遙か南の方に向けながらつぶやいた

○留学生

最近における考古学的発見の中で特に印象に残ったものを一つだけ選ぶとすれば、中国で見つかった八世紀の墓誌《ぼし》を挙げたい。なぜなら、発見された高さ、幅とも約四十センチの墓石には、八世紀初めに唐に渡り、現地で客死した遣唐留学生のことが記されていたからである。かつて同じように学を志し異国に渡った経験のある者として、客死した留学生の話となると他人事とは思えない。それはどういう留学生だったのだろうか。

姓は井《せい》、字は真成《しんせい》。国号は日本。開元二十二年（七三四年）正月、急病のため三十六歳で死去。生前は学問を修め、官吏として唐の朝廷に仕えた。死後、尚衣奉御の官職を贈られた、と墓誌は記す。尚衣奉御とは皇帝の衣服を管理する部署の長である。墓誌は、当時の玄宗《げんそう》皇帝が彼の死を悼んだことについても語る。

どうやら真成《しんせい》は、七一七年に阿倍仲麻呂《あべのなかまろ》や吉備真備《きびのまきび》らと同時期に派遣された五百五十七人の遣唐使の一人であったようだ。唐に渡ったときの真成と仲麻呂の年齢はともに十九歳、真備は三つ年上の二十二歳であった。

若者の最大の特権は頭や心が柔軟なこと。柔軟であれば、生活に慣れるのも言葉に慣れるのも早い。彼ら留学生は多くを幅広く学んだ。遣唐使として遣わすことを当時は、「物ならわしにやる」といった。いわゆる狭い学問ではなかった。真備は儒学のほかに天文学や兵法、さらに音楽も学んだ。当然、年数はかかる。国際電話や郵便などない時代だ。次の遣唐船がいつ来るかということだってわからない。たとえ来ても、無事日本に戻れるという保証はない。遣唐船は普通四艘《そう》から成っていたが、そのうちの一艘が日本に戻れたら成功と考えられたほど、危険な旅だった。留学は戦場に行くのと同じように命がけのことであった。

遣唐使の家族たちも覚悟して夫や息子を見送った。再び会えるのはいつのことだろうか。何年先であろうか。ともかく無事で、健康であることを祈る。遣唐使の随員の一人に選ばれたわが子を見送る母が歌を詠んだ——

旅人の宿りせむ野に霜降らば
我が子はぐくめ天の鶴《たづ》群《むら》

一行が唐の都を目指して旅を続ける途中の野辺には霜が降りることであろう、そういうときはどうか、空をゆく鶴たちよ、私の息子をその翼で守っておくれ。わが子が遣唐使の一人に選ばれたことに対する大きな誇りと期待、消そうにも消えようのない心配と覚悟。それはすべての遣唐使の母たちも同じであったはずだ。（明治四年［一八七一年］、津田塾大学の前身女子英学塾の創始者、津田梅子が日本で最初の女子留学生としてアメリカに渡ったとき、彼女は八歳であった。）

しかし、海を渡った留学生たちは、そうした母たちの祈りを遠くに感じながらも、それぞれ腹を据え、腰を据えて学び始めた。いまさら帰りたいと言ったところで簡単には帰れるわけではないし、後ろを振り向いても始まらない。かえって、国や故郷が遠いということで一層集中力が増す。マイナスは裏返せばプラスになる。好奇心に溢れる若者たちに

とり、見るもの触れるものすべてが新鮮で、刺激に満ちていて、日に日に異郷の空気に慣れていったであろう。

留学生は名を唐名（中国名）に改めた。発見された墓誌にある井真成《せいしんせい》も唐名である。和名は記録に残っていない。改名は新しいもう一人の自分の誕生である。阿倍仲麻呂は朝衡《ちょうこう》と名乗った。彼は難しい科挙の試験に及第し、左春坊司経局校書をふりだしに高官の道に励み進んだ。かつて、イスラエル人エズラがペルシア帝国の宮廷で「学者」と呼ばれる高級官僚の地位に就いたように、ネヘミヤがペルシア王の献酌官に任命されたように。朝衡はその学識、文才を唐土に広く知られ、王維、李白その他、中国の文人たちとも交友を深めた。

こうして、時は流れていった。

○望郷

七三三年、彼らが唐の地を踏んでから十六年目、新たな遣唐船が大陸に着いた。朝衡と真成とは共に三十五歳になった。日本から来た同胞たちとの対面。懐かしい大和言葉。その後の日本の社会や家族、親戚のことなどを聞かされ、自分たちのそれまでの勉学や仕事の上での苦労や興味を語り、互いに話は尽きなかったであろう。

日本では多くの方々がお待ちです。どうぞ、この船でお帰り下さい。日本からの使者たちは、朝衡たちに語ったであろう。

たしかに、この機会を逃したら、次はいつになるかわからない。多くは帰ることを考えた。だが、中に悩んだ留学生もいた。もっと勉学を続けたい人たち、有能な官僚として将来の活躍をさらに期待されていた人たち。朝衡もその一人だった。このまま朝衡としての人生を続けるか、それとも仲麻呂にもどるか。帰るべきか、とどまるべきか。日本の家族や知人たちの顔が思い浮かぶ。親しい中国の知人友人たちの顔が浮かぶ。だが……よし、帰ろう。

帰朝を決意した朝衡は、上請した。ところが、許可は下りず、玄宗皇帝の息子、儀王の「友」に任ぜられた。一方、吉備真備には許可が下り、やはり七一七年に入唐した留学生の一人、僧玄昉《げんぼう》も同時に帰国することになった。彼らを乗せた船は、七三五年、無事日本に着いた。真備四十歳のときである。

では、真成はどうしたのだったか。彼は帰朝を強く希望し、許可されたようだ。ところが、無念、残念。真成は突然、病に倒れ、そのまま帰らぬ人となった。玄宗皇帝も哀れに思い、尚衣奉御の官位を追贈させた。望郷の念強く、だれよりも帰朝を望んでいた彼であったが、その願いは叶わなかった。

「遺体は異国の土となったが、魂は故郷に帰る」——墓誌にはそう記された。

遠い地に出かけた愛する者たちの帰りを家でじっと待つ人々の心は、国を問わず、時代を問わず、皆、同じである。

長安一片の月
万戸衣をうつ声

出征した夫は帰ってくるのだろうか。待ちわびる妻たちの打つ砧《きぬた》の音が、どの家からも聞こえてくる。晩秋の月が長安の都を寂しく照らす——朝衡たちが親しく交わった唐の詩人李白の歌。

しばしば、望郷の念はある日突然に起きるものである。四千年前のエジプト人シヌヘの場合もそうだった。ファラオ・センウセルト一世の高官だったシヌヘは、政治的理由からカナン（パレスティナ）に逃れ、地元の族長の庇護を受ける身となった。族長の娘を嫁に迎え、多くの子をもうけた。やがて彼は土地の人々が頼りにする強い指導者となり、子供たちも立派に成長し、何一つ不自由のない生活を送った。

ところが、何がきっかけだったのか、シヌヘは突然、なにがなんでも故郷のエジプトに帰りたいと思った。どんなに成功しても、所詮自分はここでは「他の群に迷い込んだ牛」であり「下層からはい上がって集団の頭となった者」と同じだ。成功すればするほど、最後は周囲の恨みや嫉妬を買って攻撃されるのがおちだ。

「パピルスはナイルの岸辺に生えるもの、山とは本来無縁のものなのだ」

自分はやはりパピルスの子だ。白髪のシヌヘは目を遥か南の方に向けながらつぶやいた。もはや妻も子供も地位も財産も彼をその地にとどめておくことはできなかった。シヌヘは家族に財産を分け与え、別れを告げると一路南に向かったのであった。

エジプトの宮廷は年老いたシヌヘを暖かく迎え入れた。

それから数百年後、同じエジプトの宮廷は、ヨセフが、偶然、深刻な飢饉に襲われた

パピルス

カナンの地から穀物を買うためにエジプトにやって来た自分の兄弟たちとの再会を果たす感動の舞台となった。兄弟たちは、父親がヨセフを非常に可愛がるのに嫉妬して彼をエジプトに下る商人に売り渡したのだった。ヨセフは数々の辛酸を嘗《な》めたが、しかし、そのために彼は人間として大いに成長し、ついにはファラオの宰相にまでなったのであった。

ファラオはヨセフにツァフェナト・パネアハ（エジプト語で「彼は生きている、と神は語った」）と名乗らせた。ヨセフはエジプト人の祭司の娘を妻にめとり、完全にエジプト人になりきっていた。ところが、そこに突如、同じ血を分けた兄弟たちが現れたのである。彼は兄弟たちの犯した罪を許し、心から再会を喜んだ。

「ヨセフは弟ベニヤミンの首に顔を埋めて泣いた。ベニヤミンも彼の首にもたれて泣いた。さらに彼は兄弟一人ひとりに口づけし、彼らに寄り添って泣いた。その後はじめて、兄弟たちは彼と語り合った」（創世記四五・一四～一五）

○再度の機会

七五三年、藤原清河《きよかわ》を正使とする遣唐使が派遣された。遣唐副使は吉備真備であった。十八年ぶり、五十八歳での再訪となった。朝衡にとっても新たなチャンスであった。帰朝を決断した。今回は許可が下りた。

朝衡は李白らとの別れを惜しんだ。李白ら友人たちは明州（東シナ海に面した寧波《ニンポー》）で別れの宴をもうけてくれた。五十五歳、朝衡は気持ちを新たに「仲麻呂」の感覚をとり戻そうとしていた。仲麻呂や清河たちを乗せた船は一路日本に向かった。真備は別の船に乗った。ここで、再び運命は二つに分かれる。真備の船は日本に着くが、仲麻呂の船は暴風に遭い、流れに流れて安南（ベトナム）に漂着した。

真備はどこまでも運のいい人間、それに対し、仲麻呂はよくよく運に見放された人間。帰朝という点に関してはそう言えよう。しかし、どちらが幸せかとなると、これはまた別の問題である。真備は地方豪族の出身でありながら右大臣にまでになったのであるから大変な出世である。が、そのために周囲の嫉妬を買い、政争に巻き込まれ、左遷されることもあった。他方、苦心の末に長安の都に戻った仲麻呂を唐の人々は歓迎した。そして、再び朝衡となった仲麻呂はさらにいくつもの責任ある務めを果たし、七十三歳で長安に没した。

素晴らしいのは、真成も朝衡も、二度と祖国の土を踏むことはなかったが、異国にいながらも地元の人々に愛されたことである。人々は、故郷に帰りたい彼らの気持ちもわかるし、無念さもわかる。しかし、運命がどのような導き方をしようと、友人をどこまでも友人として迎え、つきあう。そういう人々のいる場所、それこそ本当の故郷かもしれない。

エズラもネヘミヤも、パレスティナに帰還した同胞が町や村を再建する上での指導にあたったが、任務が一通り終わると、再びペルシアに戻った。ヨセフも、父ヤコブの葬儀のために一時カナンに戻ったが再び、エジプトに戻った。それは単に、彼らが高官の地位に就いていたということだけが理由ではなかったかもしれない。

朝衡（仲麻呂）が遙か遠く東の郷里を思って詠んだ歌が聞こえる。時を超えて、場所を超えて——

天の原ふりさけ見れば春日なる
　三笠の山に出《いで》し月かも

冬の日射し

空から降り注ぐ日射しが　たちまち二人をつつんだ
生きていることを　ふとしあわせに感じるような午後だった

○一番のプレゼント

どこでも、ツアーに参加すると、ガイドや旅行会社の担当者が会社の宣伝用パンフレットと一緒に、これから回る町や地域の地図を渡してくれる。それはイスラエルの旅行会社も同じである。地図はイスラエル全土の地図である。

それだけではない、イスラエルの場合、しばしば、さらにこれに、もう一つプレゼントが加わる。それは何か。答は帽子。小さな縁《ふち》のついた布の帽子である。団体行動の場合、迷子が出ないためのよい目印にもなり、もちろん、帽子のどこかに会社のマークでも付けておけばちょっとした宣伝にもなる。

しかし、イスラエルの旅行会社がツアーの客に帽子をプレゼントするのは、なによりも観光客の健康のためである。何しろ日射しの強い国であり、乾燥が激しく、その中を観光客はよく歩くわけであるから帽子は必要である。旅行に慣れている人はちゃんと自分の帽子を持ってくるが、すべておまかせ便利ツアーに参加した人の中には、所詮は同じ太陽の下にある国、日本とそう変わるわけではあるまい、と気楽に考えて、帽子なしでやって来る人が、必ず一人や二人はいるものである。こういう人にとっては、旅行会社の小さな帽子は一番のプレゼントになる。

強い自分を過信し、熱射病や脱水症で倒れる人は少なくない。帽子と水は必携である。

日の下に、新しいことは何一つ存在しない。(コーヘレト書一・九)

○ゴリヤテ体験

聖書時代の人々も旅をするときや、炎天下の畑で長時間労働するときには、当然、今日の荒野の遊牧民やパレスティナの農民のように大きな布で頭を覆って仕事をしたであろう。では、帽子をかぶる習慣についてはどうであったか。聖書時代の人々はどのような帽子をかぶっていたのだろう?

ヘブライ語で帽子のことをコヴァー（小さいものはコヴァイート）という。コヴァーは聖書に出てくる。しかし、そこでのコヴァーは専ら武具としての帽子、すなわち「かぶと」の意で用いられている。一番有名なのは、少年ダビデとペリシテ人の勇士ゴリヤテの一騎打ちのエピソードに出てくるかぶとである。

さて、ペリシテの陣地から、一人の代表戦士が進み出た。名をゴリヤテといい、ガト出身で、背の高さは六アンマ半（一アンマは約四十四センチ）あった。頭には青銅のかぶとをかぶり、身にはうろことじのよろいを着けていた。よろいの重さは、青銅で五千シェケル（一シェケルは約一一・五グラム）あった。足には青銅のすね当てを着け、肩からは青銅の新月刀を吊していた。彼の槍の柄は機織りの巻き棒のようであり、槍の穂先は鉄で六百シェケルあり、盾持ちが彼の前を進んだ。……ダビデは袋に手を入れて石を一つ取り出すと、〝石投げ〟でそれを飛ばし、ペリシテ人の額を撃った。石はペリシテ人の額に食い込み、彼はうつ伏せに倒れた。こうして、ダビデは〝石投げ〟と一個の石でそのペリシテ人に勝ち、彼を打ち殺した。ダビデの一振りの剣もなかった。（サムエル記上一七・四〜五〇）

青銅のかぶとをかぶっている相手の額に石を命中させて倒したのであるから、ダビデの腕は本当にたいしたものと言わなければならない。この頃のかぶとは革製の頭巾に金属の鋲を打ったものが多く、ゴリヤテの青銅のかぶともその類のものではなかったかという意見もある（G・フォーラー）。エジプト人の描いたペリシテの兵士は羽根飾りのついたヘアバンドをしている（＝下図）。

私はこのダビデとゴリヤテのエピソードを読むたびに、額の辺りがむずむずしてくる。と言うのは、小さいとき、近所の大学生が遠くからふざけて投げた石が私の額に当たった経験があるからである。幸いに急所をはずれたため大事に至らなかったが、周囲は大騒ぎだったのを覚えている。額に受けた一瞬の衝撃。やや大袈裟に言えば、私のゴリヤテ体験である。

ペリシテ人兵士のヘアバンド。メディナト・ハブ出土浮き彫り。前12世紀。

かぶとではない帽子にはどのようなものがあったであろうか。神殿で奉仕する大祭司はターバン（ミツネフェト）を巻き、一般の祭司は頭巾（ミグバオート）をかぶっていた（出エジプト記二九・六、九）。聖職者以外の男性についてはどうであったか。シャルマネ

帽子をかぶったイスラエル人。シャルマネセル3世の「ブラック・オベリスク」。前9世紀。

セル三世の有名な四角柱「ブラック・オベリスク」（前八五九～八二四）に、アッシリア王に朝貢するイスラエル人たちが彫られているが、いずれもサンタクロースのように垂れ付きの帽子をかぶっている（＝上図）。一方、センナケリブによるラキシュ（エルサレムの南西）攻略を描いたレリーフに彫られたユダ王国の人々は布をターバンのように巻き付けている（＝左頁図）。

既婚の女性たちは、少なくとも外出の際には、スカーフで髪を隠すのがよい身だしなみとされていたようだ（イザヤ書三・一七）。それは、今日の宗教的なユダヤ教徒の女性やイスラム教徒の女性たちのスカーフ姿から連想することができる。

○シュネムの婦人と子供

子供たちが外で遊ぶときに一番気を付けなければならないのは熱射病である。エリシャ物語に出てくるシュネムの婦人の一人息子が倒れたのも熱射病が原因ではなかったかと思う。

シュネムはイスラエル北部、肥沃なイズレエル平野東端、モレ山（五一五メートル）麓にあった町である。メギドの東十五キロメートル、ナザレの南東十二キロメートル。そこに裕福な婦人が住んでいた。預言者エリシャがこの地方を通るたびに、自宅に食事に招いた。さらに彼女は夫と相談し、二階に小さな部屋を造り、寝台と机と椅子と燭台を備え、預言者が彼らのところに寄ったとき、泊まれるようにした。エリシャは彼女の親切に感激した。彼女の悩みは子が生まれないことであったが、エリシャの祈りで彼女に男の子が生まれた。

布をターバンに巻き付けたユダヤ人。アッシリアの浮き彫り。前８世紀末。

子供は元気に成長していった。ところが、ある日、刈り入れ人たちと一緒にいる父のところに行ったときのこと、突然、子供が、父親に「ぼくの頭が、ぼくの頭が」と言った。父親は若者に、子供をすぐ母親のところへ抱いて行くように言った。若者は子供を抱き上げ、母親のところに連れて行った。子供は昼まで母親の膝に座っていたが、そのまま息を引き取った。母親は子供を二階の預言者が泊まる部屋に運び、預言者の寝台に横たえ、戸を閉めると、ろばに乗り、若者を一人連れて、預言者エリシャのもとに出かけた。

エリシャはそのときカルメル山にいた。カルメル山はシュネムがあるイズレエル平野の西端、地中海に向かってのびる山脈である。

エリシャは遠くから彼女の姿を見つけ、従者のゲハジに言った。「おお、あのシュネムの女性だ。さあ、すぐに走って行って彼女を迎え、『お変わりありませんか。ご主人はお変わりありませんか。お子さんはお変わりありませんか』と尋ねなさい」。婦人に対するエリシャの思いが強く伝わってくる。

彼女はゲハジには、変わりはございません、と返事したが、山にいる預言者の顔を見るなり、その足にしがみつき、子供が死んだことを伝え、なんとかして欲しい、それまでは決してあなたのもとを離れませんと哀訴した。もちろん、エリシャ

スカーフの女性と子供たち。エルサレムにて。

もじっとはしていなかった。彼女とともに彼女の家に行くと、子供が横たわっている二階の部屋に入り、戸を閉めてから神に祈った。さらに、彼は子供の上に伏し、自分の口を子供の口に、自分の目をその目に、自分の両手をその両手に重ねてかがみ込んだ。すると、冷たかった子供の体は暖かくなった。なんとか婦人の願いをかなえてやりたいと思うエリシャは必死である。彼は起き上がり、部屋の中を歩き回ってウォームアップして、再び子供の上にかがみ込んだ……子供は生き返った。

呼ばれてやって来た母親に、エリシャは、あなたの子を抱き上げなさい、と言った。彼女は、エリシャの足もとに平伏した。それから子供を抱き上げ、出て行った（列王記下四・八〜三七）。

子供を強く抱きしめる母親のいかにも幸せそうな顔と、それをほっとした面もちで眺めるエリシャの姿が目に浮かんでくるようだ。

○冬の日射し

暑い長い乾季が終わり、十一月、そして十二月となると、さすがのイスラエルの日射しもぐっと柔らかく優しくなる。エルサレムのように山の上にある町では、朝晩の冷え込みが徐々に増してくる。それだけに、暖かい日射しは人々を幸福な気持ちにしてくれる。真

暖かい冬の日射し。エルサレム聖墳墓教会。

夏のように人々が帽子やサングラスで自衛し、自然に対し厳しく身構えるといった雰囲気はもはや消えている。代わって今あるのは、帽子を脱いで大空に感謝し、上から降り注ぐ光を全身に浴びる幸福感にそのままずっと浸っていたいという思いである。

いずくよりか知らねど近き香気に、
感謝の心を旅人は抱き、歩みを停め、
帽子を脱《と》りて空よりの祝福を受ける。

（クエーカー教徒の詩人の言葉。
新渡戸稲造『武士道』矢内原忠雄訳）

晴れ上がった空から降り注ぐ日射しが、たちまち二人をつつんだ。人通りの少ない屋敷町を歩いて行くと、どこからか強く菊の香が匂って来た。いま生きていることを、ふとしあわせに感じるような午後だった。

（藤沢周平『闇討ち』）

イスラエルの冬の日射しのもとで、蘇ったわが子を胸にいだくシュネムの婦人の心は、彼女とは時代も土地もはるか離れた異なるところで生きた、そして生きている感性豊かな人々の心と静かに重なる。

あとがき

体でものを覚えた人の言葉はまことに平易で、焦点が合っていてぶれがない。「はじめに」で紹介した京都の名庭師、十六代目佐野藤右衛門氏の言葉がそれだ。

「自然が相手でも、人間が相手でも、理解し合うということは大事なことですわ。イサム・ノグチとの仕事の場合でも、どこで折り合って、どう進めたらいいかということが、やっぱり大事でしたな」

イサム・ノグチは、詩人である日本人の父と作家であるアメリカ人を母として生まれた彫刻家・造園家である。彼は世界各地に日本庭園を造ったが、多くの職人が彼の芸術家としての強烈な個性と衝突し別れていった。そのイサム・ノグチが最後に出会ったのが自分より二十歳以上若く、当時まだ三十代だった佐野藤右衛門氏である。もちろんこの若い庭師にも職人としてのプライドやこだわりがあったし、事実、イサム・ノグチと意見のぶつかり合いがあったが、だからといって撤退はしなかった。木には個性があり、それぞれが望む成長の仕方をよく知り、それを手伝うのが庭師の仕事であることをしっかり教えられてきたからだ。

「とにかく体でモノを覚えておるから、誰と仕事をしようが関係なかったです」

相手を表面で判断することはせず、芸術家が何を考え何を望んでいるのか理解しようとした。「相手を理解しようという気持ちが少しでもあれば、辛抱が辛抱でなくなるし、相手もまたわかってくれる」。そうしているうちに、イサム・ノグチの方でも考えに行き詰まったりして、相談しにやって来るようになる。そこで二人で考える。

「不思議なもんやね。そんなわがままな人でも、なんか心が通じてくるんやから。あっ、この人はこんなことを考えているのとちがうか、って思うと、その通りやったりすることがあると、いつの間にか、わしは芸術の世界に足を踏み入れているわけです」

各国から日本庭園の依頼を受けたイサム・ノグチであったが、自然に逆らわない日本の美と芸術の理念を理解しながら、「しかし、私は西洋の彫刻家でもある。私は自分のしるしを自分が造る庭園に残すし、それを隠そうとも思わない」。イサム・ノグチは、内なる二つの異なるものをどう折り合わせるかで闘っていた。桜が自分から最高に美しい花を咲かせたいと思う気持ちをもたせるのが自分の仕事だとする青年庭師は、「内なる日本」をぎりぎりのところまで表現しようとして苦闘する芸術家と徹底して付き合った。木を生かし、人を生かす。力むことなく。その自然体の庭師の心がイサム・ノグチにも通じたのであろう。

実際、人間は、個人にしろ、国家にしろ、民族にしろ、宗教にしろ、どこかで一歩退いて相手に譲り折り合うことが共生と平和にとり必要なのだ。木はいろいろな力を借りて大きくなり、桜は楓のような他の木から刺激をもらってより美しく成長する。同様に、文化も外からの刺激を受けてさらに豊かさを増していく。

桜守りの名人といわれる十六代目佐野藤右衛門の魅力の一つは、桜あるいは日本の心を小さな枠に閉じ込めず、広く世界にむけて解き放ち、それぞれの土地や空気に伸び伸びと馴染ませ羽ばたかせることに対しいささかのこだわりも持たなかったところにある。

イサム・ノグチが彼の手を借りて世界各地に造った日本庭園の木々は、それぞれの土地によく馴染み、互いに折合いをつけて毎年美しい花を咲かせている。中でも特に有名なのはパリにあるユネスコ本部の日本庭園である。イサム・ノグチは十六代目藤右衛門と共にイスラエルにも行き、エルサレムのイスラエル博物館の敷地西斜面に日本庭園を造った。それは芸術庭園の名でも知られ、広々とした空間にはロダン、マイヨール、ピカソ、ムーア、オルデンバーグ、タングリー、リプシッツその他欧米やイスラエルの彫刻家の作品が悠然と配置されている。

広大なユダ荒野を背景にした標高八百メートルの山頂にたつエルサレム。一年の大半は灼熱の太陽が照り、乾いた風が吹く。日中は暑く、日が没すると気温は急激に下がる。冬には雨も降り、雪も降る。しかし、その丘陵に造られた日本庭園のために、イサム・ノグチたちは日本の木は用いず、オリーブなど地元の木を用いた。石の配置など庭園の基本理念は日本だが、そこに生え立つのは聖書の植物。イスラエルの自然を迎え活かす日本の庭。おそらくイサム・ノグチたちの考えも、そこに到達したのだろう。

四十年前、はじめてそこを訪れたとき、私は、日本庭園というのに桜も紅葉も植わっていないのにやや失望したのを覚えている。だが、その後、こう考えるようになった。もし荒野にある日本庭園に桜が欲しいのなら、自分の内にある桜をそこに置けばよいではないか。目の前の庭にすべてを要求するのではなく、それを鑑賞する者が自分の心の木や花を提供して、庭造りに参加すればよいではないか、と。

大事なのは、人がどこまで自然を愛し育て、それを次世代に譲り渡していくかである。イスラエルの人々は聖書の植物に出てくる七草（大麦、小麦、無花果《いちじく》、葡萄《ぶどう》、オリーブ、石榴《ざくろ》、なつめやし）はもちろん、荒野に生える小さな野花に至る植物を大事に守り、毎年の植樹祭は国民的大行事である。長い目で木を育て、遺産として子孫に残していかなければならないと考えるからである。

この点に関し、十六代目藤右衛門氏が日本人を見る目はどうか。「なんで、日本人いうんは、もうちょっと長い目でみられんもんか、と思う。自分が生きているうちには見られんかもしれないが、自分の子供や孫，曾孫《ひ》の時代にはきっとこの道は、素晴らしい桜並木になるから、ぜひ桜を植えてくれ、なんていう話はきませんわ。日本の政治家と同じやね。その場しのぎ、自分かわいさの保身ばかりや。将来のことなんか考えてもいない」と、すこぶる厳しい。まるで古代イスラエルの預言者のようである。

しかし、これも日本の自然を心から愛するがゆえの厳しい批判なのであろう。

「桜はあったかいばっかりではダメで、いったん冬の寒さが必要なんですわ。寒さに耐えて、それから開花に向かうんやから」

十六代目藤右衛門氏は桜のことだけを言っているのではない。人間が自分の内なる桜を咲かせるには冬の寒さが必要なのだと言っているのである。聖書の生まれた地は、日本に比べて水や緑が極端に少ない。その環境の厳しさのゆえに人々は緑を愛し潤いを求める。緑豊かな地に育まれた日本文化と同じものを、それとはまるで異なる環境で生まれた聖書に求めるのは意味ないことであろう。

しかし、「自分が生きているうちには見られんかもしれないが、自分の子供や孫，曾孫の時代にはきっとこの道は、素晴らしい桜並木になるから、ぜひ桜を植えてくれ」という言葉の意味を日本人以上に理解できるのは、ひょっとして荒野に生まれ荒野の風に吹かれながら忍耐強く生きていた聖書の国の人々かもしれない。そのことを、桜守りは若き日にイスラエルを訪れたとき、なによりも強く感じ「体に」に深くしみ込ませたにちがいない。日本の水や緑とは無縁なところで生まれた聖書の世界を知る者こそ、日本の心や感性の味をよく理解し評価できるであろう。一方、聖書の世界とその自然に触れた日本人は、それまで気づかなかった新しい自分を発見するであろう。

聖書の庭は待っている。日本の木の香りを、こころ若き庭師との新たな出会いを。

本書は、二〇〇二年四月から二〇〇五年十月までに隔月刊雑誌「みるとす」で掲載された小文に手を入れたものである。これまで対話を通しさまざまな意見を聞かせてくださった多くの方々に、また、聖書を広いオリエント世界との関わりで眺め考える私に自由に書く機会を与えてくださった(株)ミルトスの河合一充社長と編集部の方たち、特に谷内意咲氏に心から御礼申し上げる。ちなみに、ミルトスは、イスラエルに育つ常緑の低木でその葉は芳香を放ち、夏に五裂花弁の白い花を咲かせる、私が好きな植物の一つである。

二〇〇八年三月　　　　池田　裕

聖書の索引

「みるとす」初出一覧

春の花 …………………………………… 2005年 2月（*No.78*）
ある日のカレンダー ………………… 2005年 6月（*No.80*）
消しさった紙 ………………………… 2002年 4月（*No.61*）
お赤飯 …………………………………… 2004年 2月（*No.72*）
黄金の丘 ……………………………… 2005年 4月（*No.79*）

もう一つの地図 ……………………… 2004年 4月（*No.73*）
美しき水路 …………………………… 2004年 6月（*No.74*）
シロアの流れ ………………………… 2003年 8月（*No.69*）
夢は海に ……………………………… 2003年 6月（*No.68*）
ヨナの朝顔 …………………………… 2004年 8月（*No.75*）

靴みがきの歌 ………………………… 2005年 8月（*No.81*）
走るパウロ、歩くテモテ …………… 2004年10月（*No.76*）
ジャンプ ……………………………… 2005年10月（*No.82*）
衣更え ………………………………… 2003年10月（*No.70*）
風の足跡——西に東に ……………… 2002年10月（*No.64*）

ロバの声 ……………………………… 2002年12月（*No.65*）
羊とおとめ …………………………… 2003年 2月（*No.66*）
拓本 …………………………………… 2003年 4月（*No.67*）
故郷の月 ……………………………… 2004年12月（*No.77*）
冬の日射し …………………………… 2003年12月（*No.71*）

● 著者紹介

池田　裕（いけだ　ゆたか）

旧満州に生まれる。青山学院大学博士課程修了。1969 ～ 77 年エルサレム・ヘブライ大学大学院留学、同大学より Ph.D（哲学博士）取得。現在、筑波大学名誉教授、日本オリエント学会理事、中近東文化センター常務理事・同学術局長。主著『旧約聖書の世界』（岩波現代文庫）、『聖書名言辞典』（講談社）、『古代オリエントからの手紙』（リトン）、『海はワイン色』（教文館）、訳書『サムエル記』（岩波書店）、『ギリシア神話の世界』（東洋書林）、『考古学』（東洋書林）、『最新古代イスラエル史』（ミルトス）『死海文書の研究』（ミルトス）他多数。

聖書と自然と日本の心

2008 年 4 月 1 日　初版発行

著　者　池田　裕
発行者　河合一充
発行所　株式会社 ミルトス

〒 102-0073　東京都千代田区九段北 1-10-5
九段桜ビル 2F
TEL 03-3288-2200　FAX 03-3288-2225
振替口座　00140-0-134058
HP: http://myrtos.co.jp　✉ pub@myrtos.co.jp

印刷・製本　モリモト印刷　Printed in Japan　ISBN 978-4-89586-029-1
定価はカバーに表示してあります。